The Biblical Storytelling • 사무엘상 1

하나님 나라의 맥을 이어가는 사람들

The Biblical Storytelling • 사무엘상 1

하나님 나라의 맥을 이어가는 사람들

2006년 10월 30일 초판 1쇄 발행
2010년 4월 30일 초판 2쇄 발행

저 자 • 조 관 호
발행인 • 조 경 혜
발행처 • 도서출판 그리심
156-763 서울시 동작구 사당5동 196인정 B동(B01)

등록번호 • 제 7-258호(1998. 4. 23)
출 판 사 • 전화 523-7589 팩스 523-7590
홈페이지 • http://grisim.biz
전자우편 • grisimcho@hanmail.net

값 : 표지 뒷면

ISBN 89-5799-172-7 94230

하나님 나라의 맥을 이어가는 사람들

그리심

「사무엘상 이야기」는

마지막 사사라고 하는 사무엘의 출생을 시작으로
이스라엘의 초대 임금 사울의 이야기,
그리고 사울 왕 아래서
혹독한 훈련(?) 받는 다윗의 이야기로 진행됩니다.

첫 번째 이야기는
신앙적, 정치적, 외교적으로 혼란 중에서도
여전히 하나님 나라의 맥을 이어가는 사람들이 있음을 그려 보았습니다.
그들은 사람들에게 전혀 주목 받지 못하는 외진 환경 속에 사는 사람들이었습니다.
그러나 하나님에게는 보석 같이 존귀한 사람들이었답니다.
시골 제사장 엘가나...
아픔 있는 여인 한나...
짓밟히던 사무엘...
예수께서 그러셨던가요?
복 있는 사람은 마음이 가난한 사람이라고...
그런 사람이 하나님 나라의 맥을 이어가는 보석들이랍니다.
그분들의 세계로 여러분을 안내합니다.

사무엘상 1

contents

사무엘상 1

contents

3 세 번째 이야기(7–12장)
시대의 어른, 사무엘

사무엘상 1

contents

비블리컬 스토리텔링

(The Biblical Storytelling)에 대해...

비블리컬 스토리텔링(The Biblical Storytelling)이란 성경을 이야기한다는 말입니다. 성경은 한 문구나 한 단어를 선택해서 의미를 전달할 수 있는 책이 아닙니다. 그 문구가 그리고 그 단어가 실리게 된 세미한 배경이 있는 겁니다. 만일 그 배경을 무시하고 성경의 한 구절을 설명한다면 어처구니없는 말 내지는 결과를 가져오게 됩니다. 좋은 교훈을 만들어 내는 것도 중요하지만 바르고 정확한 과정을 통한 결과를 얻어야 바른 교훈이 되는 거랍니다.

설교를 할 때나 성경을 공부할 때 혹은 큐티를 할 때 한 구절과 단어를 붙잡고 자기 나름대로의 해석 내지는 좋은 말을 만들면 너무 위험하다는 거지요.

성경은 쉬운 책이 아닙니다. 수천 년의 이야기가 기록되어 있고 그것도 짜임새 있어 알기 쉽게 정돈해 놓은 책도 아닙니다. 게다가 똑똑한 사람이 줄거리를 이해한다고 해서만도 되는 책이 아닙니다. 성경은 무척이나 어렵고 게다가 영적인 의미를 간파해야 하며 우리의 삶에 연결이 되어야 하기에 만만하게 볼 책이 아니라는 겁니다.

저자 자신도 모태로부터 신앙생활을 해 오면서 성경을 가까이 두고 생활해 왔지만 결국은 항상 반복되는 몇 인물 내지는 몇 사건만을 가지고 교회를 다닌 사람이었던 겁니다. 그러다가 하나님의 은혜로 성경을 한 번 제대로 공부하고 연구해 보니 참 어려운 책임을 발견하였습니다. 그러나 성경 연구는 어려운 성경을 이해했다는 것으로 끝나지 않습니다. 하나님의 은혜가 임한다는 겁니다. 하나님의 뜻을 발견하게 되고 하나님의 마음을 조금 알게 된다는 은혜를 누리는 겁니다.

비블리컬 스토리텔링(The Biblical Storytelling)은 제가 켄터키에 있는 남침례교신학교(The Southern Baptist Theological Seminary)에서 연구한 논문을 현장에서 적용한 것을 글로 옮긴 것입니다.

비블리컬 스토리텔링(The Biblical Storytelling)은 우선적으로, 상식적인 이야기이지만, 성경 본문에 대한 흐름을 연구해야 합니다. 두 번째는 본문의 상황, 역사적인 배경을 공부하는 것 또한 빼놓을 수 없습니다. 이러한 작업을 위해서는 주석가들의 절대적인 도움이 필요합니다. 세 번째는 교육학적인 접근 혹은 철학적인 배경을 연구해야 합니다. 그러나 이러한 연구만을 나열해 놓는 것이 목적은 아닙니다. 가장 중요한 것은 성경 속 인물들의 심리적 움직임에 대한 다방면의 접근을 시도하는 것이지요. 이 부분이 무척이나 매력이 있습니다. 정확한 신학적 테두리 안에서 본문의 인물이 갈등하고 느끼는 가능한의 심리적 상상은 성경을 무척이나 흥미롭게 만들기 때문입니다. 게다가 성경을 읽는 독자로 하여금 자신이 그 주인공이 되는 경험을 하게 되는 것이지요. 또한 목회자나 독자로 하여금 성경에 대한 학문과의 관계를 무척이나 친숙하게 만들 것입니다. 특히 성경 주석의 필요성과 신학자들에 대한 고마움 내지는 친밀감을 가지게 될 것입니다. 게다가 혼탁하고 예측할 수 없는 사회 심장부에 대한 관심도 갖게 될 것입니다. 그러나 무엇보다도 나 자신은 물론 사람의 마음이 어떤지가 발견되면서 하나님 앞에 모두 고개를 숙이게 되는 경험을 하게 된답니다. 그러면서도 그런 나를, 사람을 미치도록 사랑하시는 하나님의 마음을 조금 알게 된답니다.

비블리컬 스토리텔링(**The Biblical Storytelling**)은 누구나가 할 수 있습니다. 그러나 성경이 하나님의 (살아있는) 말씀이라고 진심으로 인정하는 사람만이 할 수 있습니다. 그러나 '인정' 하는 것만으로는 안 됩니다. 시간을 투자해야 합니다. 적은 시간이 아닙니다. 필자는 20여년 가까이 거의 매일 4시간씩 이 일에 몰두해왔습니다. 지금도 그렇게 하고 있습니다. 그렇다고 끝이 있는 것도 아닙니다. 늘 새롭고 (주님이 말씀하신 것처럼 샘솟는 게 말씀입니다) 신비한 경험을 하게 되는 겁니다.

이 책은 필자가 섬기는 교회에서 하고 있는 비블리컬 스토리텔링 바이블 스터디(The Biblical Storytelling Bible Study)에서 진행되는 것을 글로 옮긴 것입니다.

서 문

희망이란 것이 전혀 보이질 않았습니다. 블레셋이란 나라에 짓밟혀 살아야 했으니까요. 영웅 삼손이 죽은 후로 말입니다. 블레셋의 횡포가 있어도 그대로 받아들여야만 했습니다. 대들다간 더 힘들어질 게 뻔하거든요. 신앙생활도 엉망이었습니다. 온 백성이 먹고 사는 것도 어려운데 신앙생활에 누가 신경이나 썼겠습니까. 대충하는 거였습니다. 제사장들도 개판이었습니다. 제사든 뭐든 간에, 기도든 뭐든 간에 하나님의 응답은커녕 진짜 하나님이 있는지가 의심스러울 정도였습니다. 단지 제사장이란 직업을 버리면 먹고 살기 어려우니 사명에 대한 확신이 없으면서도 큰 소리로 협박하면서 제사를 강요하곤 했습니다. 그래야 겁먹고(?) 제사용 고기라도 가지고 와서 그거라도 먹고 살아야 했으니까요.

삶은 엉망이었습니다. 몸과 마음은 피곤했습니다. 미래는 도무지 보이질 않았습니다. 이런 세상 막 사는 게 지혜롭게(?) 보인 겁니다. 모든 사람과 더불어 제사장들까지도 그랬으니까요.

그러나 그럼에도 불구하고 아주 소수의 사람들은 그렇게 살지 않았답니다. 흔들리지도 않았답니다. 희망을 잃지도 않았답니다. 에브라임 촌구석에 엘가나라는 사람의 아내, 아이를 낳지 못한다는 이유로 왕따 당한 '한나' 라는 여인이 있었습니다. 그녀는 매일 무시당하면서 살았습니다만 희망을 잃지 않았습니다. 형식적 신앙생활이 만연한 분위기인데도 하나님을 신뢰하였습니다. 하나님 나라의 맥을 이어가는 주인공이었답니다.

성전에서 천대 받는 사무엘이 그런 사람이었습니다. 말이 하나님께 드려진 아이였지 그의 어린 시절은 엘리 제사장에게도 물론이고 엘리 제사장의 아들들인 홉니와 비느하스 제사장들에게도 천덕꾸러기요 노예와 같은 아이였던 겁니다. 그러나 사무엘은 자세가 전혀 흐트러지지 않았습니다. 그 아이의 눈은 하늘을 향해 있었답니다. 하나님 나라의 맥을 이어갈 숨겨진 사람이었답니다.

사람들은 아쉬울 때 하나님을 찾는답니다. 그리고 하나님이 자신들의 뜻을 들어주는 분으로 알고 있는 것 같습니다. 블레셋과의 전쟁에서 언약궤를 가지고 나가 이기게 해달라는 걸 보면 그렇습니다. 그들의 신분이 제사장이었다지요. 하나님은 그런 놀음에 말려드는 분이 아니셨습니다. 하나님은 당신 스스로 활동하시기에도 충분하신 분이십니다. 종교인이라는 신분이 하나님 나라의 맥을 이어가는 증표가 아닙니다.

힘든 생활을 피하기 위해 사람에게 의지하기로 결정했답니다. 하나님께는 도움을 구해보지도 않고 의지할 사람을 세우기로 한 겁니다. 그것은 바로 왕이었답니다. 그 왕을 달라고 하나님께 졸랐다지요. 물론 하나님 마음에 합한 왕을 세워달라는 것이 아니라 자신들의 마음에 드는 왕을 달라고 한 겁니다. 그런 마음을 하나님이 아셨지요. 그래서 사람들의 마음에 드는 사람을 골라 왕으로 세웠습니다. 그는 사울이었습니다. 엉터리들 가운데 좀 나은 사람일 뿐이었습니다. 사울에게 권력을 주었더니 주체하지 못하고 결국 파경을 맞이합니다. 지도자라는 권력을 가진 신분, 하나님 나라의 맥을 이어가는 증표가 아니랍니다.

사무엘이 버림받습니다. 사람들은 자신들의 욕심을 채우기 위해 사무엘이 늙었다는 이유로 물러나라고 했답니다. 사실상 늙은 사람을 물러나게 한 것이 아닙니다. 하나님 나라의 맥을 이어가는 사람을 천대한 거랍니다. 하나님 마음에 합한 사람을 천대한 겁니다.

사무엘상 전반부의 이야기입니다. 읽으면서 깊은 감동을 받았습니다. 하나님 나라의 맥을 이어가는 사람들의 고독한 모습을 보았기 때문입니다. 그 고독함 속에서도 꿋꿋하게 하나님을 바라보는 흐트러지지 않는 자세에 감동 받았습니다.

슬픔도 있었습니다. 타락한 성직자들 때문이었습니다. 저도 목회자이기에 별반 차이 없음을 발견했습니다. 제사장들을 질타하다가도 엘리의 모습이 제 모습이었고, 홉니와 비느하스의 모습이 제 모습인 것을 발견하기도 했습니다. 나도 똑같은 놈임을 부인할 수 없었습니다. 그래서 글을 쓰면서 울었답니다. 제 모습을 써야 했기 때문입니다. 가슴이 아팠습니다. 하나님의 사람을 물러나게 하는 사람들 때문이었답니다. 우리 시대의 교회가 종종 나이든 어른들을 무시하는 말을 너무 자연스럽게 하더라구요. 마치 젊은이가 우글거리면 살아있는 교회이고, 늙은 사람들이 많으면 죽은 교회라고 단정 짓는 교회의 현실을 대변하는 것 같았습니다. 목회자들마다 자신들은 젊은이를 위한 목회를 한다고들 말한답니다. 늙은이는 하나님에게서까지 버림받은 것처럼 착각하게 만들고 있는 현실입니다. 그래서 슬펐답니다. 교회의 힘은 젊은 사람이 많을 때 있는 게 아닙니다. 하나님의 사람이 많을 때 힘이 있는 겁니다. 하나님을 사랑하는 원로들―사무엘과 같은 분들 말입니다―이 많이 계시는 교회가 복된 교회지요.

하나님 나라의 맥을 이어가는 사람들, 우리도 그 줄을 잡고 살아야 한답니다. 그 줄을 앞에서 잡고 살았던 선배들의 삶을 읽어가면서 내 모습, 우리의 모습을 봅니다. 지금도 지구촌의 알려지지 않은 곳곳에서 하나님 마음을 흐뭇하게 해드리는 하나님 나라의 맥을 이어가는 분들이 있습니다. 그분들에게 감사드립니다. 평생을 사무엘처럼 살아오신 한국 교회에 힘이 되신 원로들께 감사를 드립니다. 그리고 그 뒤를 따라 하나님 나라의 맥을 이어갈 동역자와 형제, 자매님들께 감사를 드립니다.

캘리포니아 계곡 마을, 밸리에서

조관호 목사

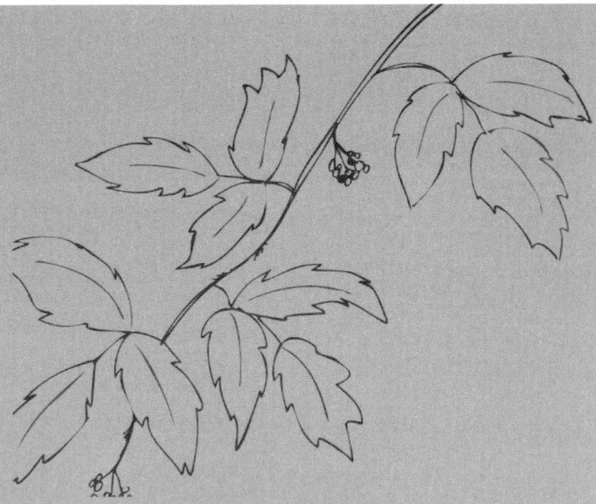

〉〉 첫 번째 이야기 1-4장

비교되는 두 집안

어린 아들을 두고 떠납니다. 아직 어린 사무엘을 엘리 제사장이 사역하고 있는 실로에 두고 집으로 돌아갑니다. 아이 사무엘은 울었겠죠. 아니 엄마가 조금 있다가 다시 올 줄 알고 방긋 웃었을 수도 있었겠죠. 한나는 아직도 뒤뚱거리면서 걷는 사무엘을 두고 라마로 돌아가는 발걸음이 무거웠습니다. 얼마나 울었을까요. "하나님, 사무엘을 두고 갑니다. 아직 엄마의 젖을 만지면서 자야하는 아기랍니다. 엊그제 잘 때는 자다가 이불에다가 실례(?)를 했었잖아요. 밥 먹는 것도 엄마 손을 빌려서 먹구요… 엄마라는 소리만 하루 온 종일 하는 아기랍니다. 누가 우리 사무엘을 옷 입혀 줄지… 누가 데리고 잘지… 밤에는 몇 번씩 깨곤 하거든요… 사무엘, 잘 있겠죠. 건강하겠죠. 하나님께서 우리 아기 잘 보살펴 주시겠죠. 엘리 제사장 어른, 홉니와 비느하스 제사장들… 모두가 우리 사무엘을 사랑하도록 하나님이 도와주셔요. 하나님, 나 사무엘이 보고 싶어요. 데리고 가고 싶어요… 그래도 하나님의 손에서 키워 하

1 1:1~8
아픔 있는 여인

시골... 촌구석, 에브라임 땅 가운데서도 구석진 곳, 라마다임 소빔이라는 마을에서 있었던 일입니다. 사람들의 관심이 없는 시골이었지요. 그러나 그곳에도 제사장이 있었답니다. 촌구석까지라도 사람이 있는 곳이라면 하나님의 은혜를 받아야 하는 곳이기에 하나님께서 제사장을 두셨답니다. 그 제사장의 이름은 레위 지파 중 그핫 자손인 엘가나였고 그의 아내 이름은 한나였습니다.

'한나' 라는 이름은 은총을 입은 여인이라는 의미였습니다만, 이름 뜻과는 달리 은총과는 거리가 먼 불행한 삶을 살고 있었습니다. 한나의 결혼은 제사장과의 축복된 결혼이었습니다. 그때만 해도 그 '한나' 라는 이름에 걸맞는 결혼을 한다는 말을 들었답니다. 제사장 가족으로서 하나님을 섬기고 하나님의 백성들을 섬길 기회를 갖게 되어 얼마나 흥분되었는지 모릅니다. 적어도 결혼 초기에는 말입니다. 한나는 제사장 부인답게 성전에 찾아오는 사람들의 문제를 하나하나 받아 주면서 사랑을 베풀었답니다. 일거리들이 많았지만 하나님께서 주신 사명이라고 여겨 아주 열심히 해내었죠.

실로에 있는 성전에 떠도는 소문이 있었습니다. 엘리 제사장에 대한 불평이었습니다. 엘리 제사장은 본인이 해야 하는 제사장 일을 제대로 하지 않는 것은 물론이고 오히려 자식새끼들만 위한다는 소문이었습니다. 그의 아들 홉니와 비느하스가 못된 짓을 하고 다녀도 야단 한번 제대로 치지 않는다고들 수군거리곤 했답니다.

엘리 제사장 집안의 좋지 않은 소문이 들려 올 때마다 엘가나는 물론 한나도 마음이 아팠습니다. 제사장으로서 백성들에게 존경을 받아야 하는데 오히려 조롱거리가 되고 있었기 때문입니다. 하기야 제사장들의 못된 행실에 관한 소문은 어제 오늘의 일이 아니었습니다. 이미 오래 전부터 제사장으로 인한 끔찍한 사건들이 많았었지요. 엘가나와 한나는 좋지 못한 소문이 들려 올 때마다 서로 다짐했습니다. '우린 어떤 어려움이 있어도 바르게 하나님을 섬기자' 고.

열심히 하나님을 섬겼습니다. 작은 마을에서의 사역이지만 충성스럽게 섬겼습니다. 주님 섬기는 일을 아주 기쁘게 생각했답니다. 그런데 결혼한 지 몇 년이 지났는데도 엘가나와 한나 사이에 아기가 생기지 않네요. '언젠가는 아기가 생기겠지' 했는데 너무 오랜 세월 동안 임신 소식이 없자 초조해지기 시작했답니다. 엘가나와 한나의 행복한 가정에 걱정이 었답니다. 하나님께 기도하는데도 아기가 생기지 않았답니다. 한나는 엘가나에게 미안했습니다. 그러나 그럴수록 엘가나는 한나를 더 감싸주고 위로했답니다. 좋은 남편이었습니다.

너무 오랫동안 아기가 생기지 않자 한나는 죄책감을 느꼈습니다. 그래서 엘가나에게 조용히 말했습니다. 젊은 여자를 얻어 자손을 생산해야 하지 않겠느냐고… 자존심 상하는 일이었지만, 한나는 그렇게 이야기하곤 했답니다.

엘가나가 한 여자를 소개받았습니다. 브닌나라는 여자였는데 아주 총기 있게 생겼고 건강해 보였습니다. 그러나 엘가나의 마음에는 오직 한나뿐이었답니다. 한나의 찢어지는 마음을 엘가나는 잘 알고 있었습니다. 그러면서도 가문을 위해… 어쩔 수 없이 브닌나를 받아들였답니다.

그리고 얼마 후, 브닌나가 임신하여 잘생긴 아들을 낳았답니다. 자식을 얻은 엘가나는 또 다른 행복을 느끼기 시작했고… 한나는 하늘이 무너지는 고통을 겪어야 했답니다. 엘가나는 자연히 브닌나에게로의 출입이 잦아져 한나의 마음을 힘들게 했지만 한나는 잘 참았답니다. '오랜만에 보는 아들이니 얼마나 예쁘겠냐' 하는 이해심(?) 때문이었답니다. 브닌나의 방으로의 출입이 잦은 결과였을까요? 브닌나가 또 임신했답니다. 그리고 둘째 아기를 낳았습니다. 한나는 이상하게도(?) 무척 마음 아팠습니다.

처음에는 그러지 않았었는데... 브닌나가 짜증을 부리곤 했습니다. 목소리도 커지구요. 아이들을 키우는 것이 힘들었나 봅니다. 하기야 아이들 키우는 것이 만만한 일은 아니지요. 한나가 아이를 돌보아 주지 않는다고 하면서 브닌나는 투덜거리기 일쑤였습니다. 엘가나가 보기에도 민망할 정도로 한나는 구박을 받았답니다. 한나의 불편한 마음을 엘가나는 알고 있었습니다. 소리 없이 흘리는 눈물도 알고 있었습니다.

「에브라임 산지 라마다임소빔에 에브라임 사람 엘가나라 하는 자가 있으니 그는 여로함의 아들이요 엘리후의 손자요 도후의 증손이요 숩의 현손이더라 그에게 두 아내가 있으니 하나의 이름은 한나요 하나의 이름은 브닌나라 브닌나는 자식이 있고 한나는 무자하더라」(:1-2)

제사장 집안이기에 신앙생활이 남달랐습니다. 남들은 그렇지 않았지만 엘가나는 온 가족과 함께 매년 실로 성소를 방문하곤 했었죠. 그곳에 하나님의 언약궤가 있거든요. 그리고 큰 제사장인 엘리 어른께 인사도 드려야 했답니다.

실로에 가서는 다른 일도 많았지만 가정을 위한 제사를 성대하게 드리곤 했습니다. 엘리 제사장이 직접 제사를 드려 주곤 했고 그의 아들들인 홉니와 비느하스도 거들었습니다. 엘리 제사장의 뒤를 이어 실로 성전을 맡아 일할 사람들이었습니다. 나이 많은 엘리 제사장은 나쁜 소문에도 불구하고 그런대로 존경할 만 했지만, 젊은 제사장 홉니와 비느하스는 보기 역겨웠습니다. 소문대로 그들의 하는 태도나 말투가 거칠고 듣기 거북했기 때문이었습니다.

제사를 드리고 나면 제물로 바쳐졌던 짐승의 고기를 먹을 기회가 있었습니다. 오랜만에 온 식구가 고기를 실컷 먹는 날입니다. 브닌나는 자신이 낳은 아이들을 먹이기 위해 부지런히 좋은 고기를 챙겼습니다. 그리고 맛있는 부위를 떼어 열심히 먹였습니다. 엘가나도 아이들에게 많이 먹으라고 했지요. 그러나 엘가나의 마음은 한나에게 가 있었답니다. 브닌나가 아이들을 챙기면서 법석을 떨고 있을 때 한나가 풀이 죽어 있다는 것을 눈치 채기란 어렵지 않았습니다. 내색하지 않으려고 했지만 엘가나에게 한나의 마음이 들킨 것이지요. 한나의 마음을 위로하고 싶은 엘가나는 브닌나의 눈을 피해서 좋은 고기를 한나에게 주곤 했습니다. 그리고 더 많이 주었답니다. 물론 위로의 말과 사랑한다는 말도 빼놓지 않았지요.

「엘가나가 제사를 드리는 날에는 제물의 분깃을 그 아내 브닌나와 그 모든 자녀에게 주고 한나에게는 갑절을 주니 이는 그를 사랑함이라」(:4-5상)

엘가나의 마음, 고마웠습니다.
한나의 아픔을 무시하지 않았답니다.
감싸주었고 이해해 주었답니다.
남편들… 아내들의 마음 잘 헤아리지 못하잖아요.
헤아린다 하더라도 무시하고 지나칠 때가 많답니다.
아니 오히려 상처 주는 말을 할 때가 많답니다.
남편들… 아내의 힘든 마음을 위로해 주세요.
엘가나처럼 말이에요.

주님 생각나네요.
힘들어하는 나를 무시하지 않으시는 주님 말입니다.
오히려 힘들어하는 나를 아시고 미리 말씀하셨네요.
"수고하고 무거운 짐진 자들아 다 내게로 오라 "고.
아픔 가지고 계세요?
속상함 가지고 계세요?
숨겨진 눈물, 힘듦… 가지고 계세요?
신랑 되신 예수님의 위로와 사랑의 소리에 귀를 기울이세요.

엘가나의 한나에 대한 사랑, 눈치 빠른 브닌나가 모를 리가 없었습니다. 그래서… 브닌나도 질투했답니다. 브닌나는 한나를 볼 때마다 화가 치밀었습니다. 그래서 그랬을까요? 한나를 향한 투덜거림이 심했답니다. 그러더니 한나의 아픈 가슴에 못을 박는 말을 스스럼 없이 하는 겁니다. '아이도 갖지 못하는 여자' 라고 마치 집 밖으로 내쫓으려고 마음먹은 여자 같았습니다. 한나의 마음… 견디기 어려웠습니다.

「그 대적 브닌나가 그를 심히 격동하여 번민케 하더라 매년에 한나가 여호와의 집에 올라갈 때마다 남편이 그같이 하매 브닌나가 그를 격동시키므로 그가 울고 먹지 아니하니」(:6하-7)

엘가나가 한나를 많이 위로했습니다. 브닌나도 중요했고 그 자식들도 중요했지만, 엘가나의 한나에 대한 마음은 남달랐답니다.

「그 남편 엘가나가 그에게 이르되 한나여 어찌하여 울며 어찌하여 먹지 아니하며 어찌하여 그대의 마음이 슬프뇨 내가 그대에게 열 아들보다 낫지 아니하뇨」(:8)

불임(不姙)은 죄가 아닙니다.
병도 아닙니다.
불임은 당사자가 이해하기 어려운
하나님의 깊은 뜻이 있습니다.
하나님은 불임이라는 독특한 고통을
아무에게나 주시지 않습니다.
불임이라는 고통을 감당할 수 있는
믿음의 사람을 선택하십니다.

그리고 그 고통을 이겨내게 하시고
하나님의 일을 진행하십니다.
이렇게 진행되는 하나님의 뜻을 받아들일 때
불임이라는 고통을 통해
하나님을 만나고
하나님을 경험할 수 있답니다.

❷ 1:9~11

아픔 때문에 하나님께로

남편 엘가나가 좋은 음식을 주는 것…

물론 고마웠습니다. 그의 위로와 사랑을 모르는 것도 아니었습니다만 마음이 아픈 것은 어쩔 수가 없었습니다. 그래서 식사가 끝나면 성전 문으로 가서 그 옆에 엎드려 기도했답니다. 엘리 제사장이 앉아 있는 의자 옆에서 무릎을 꿇고 기도했답니다.

아브라함의 아내 사라를 생각하면서 기도했지요. 90살이 되었어도, 늙어서 경수가 끊어졌다 하더라도 하나님의 능력으로 아이를 낳았음을 생각하며 기도한 겁니다. 이삭과 리브가를 생각하며 기도했습니다. 결혼하고 20년이 지나는 동안 아이가 없던 사람들… 그러나 하나님이 쌍둥이 아들을 주셨음을 기억하면서 기도했답니다. 아이를 낳지 못해 무시당하던 라헬이 생각났습니다. 야곱의 사랑하는 아내 라헬도 하나님의 은혜로 아이를 낳았음을 생각한 겁니다. 그리고 기도했습니다.

"능력의 하나님! 제게도 아들을 주실 수 있는 분 아니십니까?"

한나의 기도는 통곡이었습니다. 서러움이었습니다.

"하나님, 제게 아들을 주십시오. 아들을 주시면 주님께 그 아들을 드리겠습니다. 아비따라 제사장이 될 것 아닙니까? 하나님, 아이를 주시면 당신이 기뻐하실만한 제사장으로 키워 바치겠습니다. 나실인으로 양육하겠습니다."

「한나가 마음이 괴로와서 여호와께 기도하고 통곡하며 서원하여 가로되 만군의 여호와여 만일 주의 여종의 고통을 돌아보시고 나를 생각하시고 주의 여종을 잊지 아니하사 아들을 주시면 내가 그의 평생에 그를 여호와께 드리고 삭도를 그 머리에 대지 아니하겠나이다」(:10-11)

아픔이 있다는 것,
낙심하거나 절망하기 전에 잠깐 생각해 보세요.
아픔... 누구에게나 있는 거랍니다.
내게 아픔이 없을 때,
아픔 가운데 있는 사람에게 말하곤 했었잖아요.
아픔... 누구에게나 있는 거라고.
그래요. 아픔은 누구에게나 있는 거랍니다.

아픔을 하나님 만나는 도구로 삼으세요.

아픔을 가지고 성숙한 신앙인으로 성장하세요.

한나가 아픔을 가지고 하나님께로 나아간 것처럼 말입니다.

아픔은 절망이 아니라,

아름다움을 향해 가는 아주 중요한 징검다리랍니다.

아픔이라는 검은 보자기 속에 찬란한 보석이 감춰져 있음을 잊지 마세요!

❸ 1:12~20
믿음의 사람, 한나

성전 문 옆, 의자에 제사장이 앉아 졸고 있었습니다. 팔십이 훨씬 넘은 고령의 엘리 제사장은 움직이기조차 귀찮아했습니다. 안락한 의자에 앉아 따스한 햇살을 받으며 어느 새 졸고 있네요. 누가 와서 말을 걸면 귀찮은 듯 대답하고 또 다시 조는 겁니다. 제사 일은 홉니와 비느하스가 알아서 잘 하고 있었구요. 간혹 사람들이 홉니와 비느하스에 대해 불평해도 엘리 제사장은 아들들에게 특별히 관심을 두지 않았습니다. 몇몇 못된 사람들이 하는 불평이겠거니 했을 뿐입니다.

성전 문 옆에서 한나가 엎드려 기도하고 있었음에도 엘리 제사장은 신경도 쓰지 않았습니다. 아니 오히려 그런 데까지 신경 쓰는 것이 귀찮았죠. 그런데 아까부터 오랜 동안 한나가 그 자리에 앉아 있는 겁니다. 그리고 혼자 말로 무엇인가 중얼거리고 있는 겁니다. (한나는 졸고 있는 엘리 제사장 어른에게 혹시라도 방해될까 하여 소리를 억제하면서 기도했던 거였습니다.) 엘리 제사장이 한나를 보았습니다. 몸부림을 치면서 중얼거리고 있는 아낙네의 모습을 보니 우스웠습니다. 마치 술 취한 여자처럼 행동하고 있는 겁니다. 아니 엘리 제사장의 눈에는 분명 술 취해서 주정부리고 있는 것이 확실했습니다.

「그가 여호와 앞에 오래 기도하는 동안에 엘리가 그의 입을 주목한즉 한나가 속으로 말하매 입술만 동하고 음성은 들리지 아니하므로 엘리는 그가 취한 줄로 생각한지라」(:12-13)

엘리 제사장은 거룩한(?) 화가 났습니다. 술 마시고 취한 여자가 거룩한 성전에 와서 주정을 부리고 있었기 때문입니다. 그래서 소리를 지르며 호통쳤답니다.

"이년아, 언제까지 술 취한 상태로 지낼거여! 술 끊지 못해!"

「엘리가 그에게 이르되 네가 언제까지 취하여 있겠느냐 포도주를 끊으라」(:14)

엘리의 호통치는 소리를 듣고 한나는 대답했습니다. 술 취한 것이 아니라고 말입니다. 하나님께 아픔을 가지고 기도하는 것이라고.

「한나가 대답하여 가로되 나의 주여 그렇지 아니하니이다 나는 마음이 슬픈 여자라 포도주나 독주를 마신 것이 아니요 여호와 앞에 나의 심정을 통한 것 뿐이오니 당신의 여종을 악한 여자로 여기지 마옵소서 내가 지금까지 말한 것은 나의 원통함과 격동됨이 많음을 인함이니이다」(:15-16)

엘리…
훌륭하고도 남들이 부러워하는 가문이었고
존귀한 직분의 소유자였습니다.
사람들이 함부로 할 수 없는 시대의 어른이었답니다.

한나…
보잘 것 없는 시골 구석의 작은 제사장의 아내
그러면서도 아이를 낳지 못하는 기구한 인생
사람들이 불쌍히 여기고 측은하게 여기는 사람이었답니다.

그러나 하나님 보실 때는 엘리는 전혀 귀하지 않네요.

엘리가 제사장으로 활동하던 때, 한나가 기도하던 때는 역사적으로 어떤 때였을까요? 사사 시대입니다. 삼손이 태어나기 몇 년 전, 입다가 사사로 활동하기 전, 즉 이스라엘이 블레셋과 암몬 사람들에게 고통을 받고 있을 때입니다. 주전 1083년 정도쯤이라고 할까요. (사울은 이미 일곱 살이었을 것이고…) 이때는 이스라엘의 영적인 암흑기였답니다. 제사장들마다 엉터리였구요. 희망이 없던 때였답니다. 그러나 이때도 하나님은 당신의 나라와 백성을 위해 미약한 여인을 통해 역사의 맥을 이어가기 위한 준비를 하고 계셨던 겁니다.

성전에서 일하면서 사람들에게 대접을 받을지언정
하나님에게는 오히려
측은하고 불쌍하게 보이는 사람이었답니다.
반면에 한나는
하나님의 마음에 드는 사람이었답니다.
하나님께 기쁨을 드리는 사람이었답니다.
우리들, 사람들에게 어떻게 보일까요?
하나님께는 어떤 사람일까요?
시골, 촌구석의 알려지지 않은
아니 오히려 측은하게 보이는 사람 같더라도
하나님께 기쁨을 드리는 생명체가 되어야 하겠지요.
사람에게 멋있게 보이는 사람이 있고
하나님께 멋있게 보이는 사람이 있답니다.

아픔은 기도할 건수(?)랍니다.
하나님과 대화할 수 있는 기회랍니다.
그 아픔 때문에 하나님께 더 가까이 더 자주 나가잖아요.
아픔 때문에 주님 품으로 더 깊이 들어가세요.
그 아픔이 아주 천천히
축복으로 바뀌는 것을 발견할 겁니다.

한나의 기도에 대한 엘리의 느낌은 어떠했을까요?
그 시대에도 그렇게 기도하는 사람이 있었는가 봅니다.
아무도 하나님을 존귀한 분으로 여기지 않던 시대입니다.

자기의 소견대로 행동하던 시대입니다.

그런데 한나는 자신의 소견을 버립니다.

아니 자신의 소견 따위는 필요 없습니다.

하나님 아버지의 긍휼히 여기심만이 절실하게 필요했답니다.

우리의 영성… 이래야 합니다.

그래요 살다보면 원통한 일이 한 두 가지겠습니까?

가슴이 찢어지는 일은 물론이요

심지어는 죽고 싶거나 죽이고 싶은

악한 마음이 들면서까지 고통스러울 때가 있습니다.

그런데 한나와 비하겠습니까?

한나처럼 참아봅시다.

한나처럼 이를 악 물어봅시다.

눈물을 흘려보기도 하구요.

그리고 그 모든 원통함과 울화통 터지는 모든 것들을 가지고

아버지께 모두 일러바칩시다.

고자질하자는 말입니다.

아버지께 말입니다.

우리 옆에서 침묵하고 계신

아버지께 말입니다.

"기도하는 것" 이라는 한나의 말을 들은 엘리 제사장은 갑자기 찬물 끼얹은 것 같았습니다. 자신은 '기도' 라는 거룩한 행위를 잊은 지가 오래

되었거든요. 이 시대에도 기도하는 사람이 있다는 것이 오히려 그에게 충격이었습니다. 아니 자신의 뒤를 이어 성전에서 제사장 역할을 할 자식놈들은 기도는커녕 마을에서는 물론 성전에서까지 못된 짓을 한다는 소문만이 무성한데, 한 여인은 하나님께 기도하고 있음을 생각하니 기가 막힌 것이었죠. 엘리 제사장 속에 자신도 감당할 수 없는 느낌이 왔습니다. 저런 기도... 하나님이 들어 주실 것이라는 느낌 말입니다. 그래서 평온하게 그리고 사랑스럽게 말했습니다. 평안히 가라고... 그런 간절한 기도를 하나님이 들어 주시길 바란다고.

「엘리가 대답하여 가로되 평안히 가라 이스라엘의 하나님이 너의 기도하여 구한 것을 허락하시기를 원하노라」(:17)

우리의 기도가 누군가를 감동시키기를 바랍니다.
기도 없이 목회하는 목사의 양심에 부담을 주길 바랍니다.
기도 없이 교회 일하는 일꾼들의 양심을 깨우면 좋겠네요.
기도 없이 선교라는 우렁찬 구호를 외치는 사람들의 마음을 부끄럽게 하면 좋겠습니다.
무뎌진 엘리의 마음에 부끄러움을 준
한나의 기도처럼 말입니다.

엘리 제사장의 말이 떨어지자 마자 한나의 얼굴이 변했습니다. 근심하던 얼굴에서 평안한 얼굴로 말입니다.

「가로되 당신의 여종이 당신께 은혜 입기를 원하나이다 하고 가서 먹고 얼굴에 다시는 수색이 없으니라」(:18)

엘리의 말을 하나님의 말씀으로 들은 믿음이었습니다.

엘리 제사장이 존경스러워서가 아닙니다.
엘리의 입에서 나오는 말이 귀한 말이기 때문입니다.
한나는 사람을 보고 믿음을 가진 것이 아니라
말씀을 믿은 것이랍니다.
우리의 믿음, 사람에 근거하지 말자는 말입니다.
말씀에 근거한 믿음 갖자는 겁니다.

엘가나와 한나 그리고 브닌나와 그 자식들… 실로에서의 일을 마치고 고향으로 돌아가야 하는 때였습니다. 모두들 바쁜 시간들이었죠. 시골 제사장인 엘가나는 엘가나대로 큰 성전 제사장을 만나 할 일이 많았을 겁니다. 브닌나는 오랜만에 아이들에게 맛난 고기 먹이느라고 바빴을 것이고… 아이들 역시 신났을 겁니다. 한나 또한 하고픈 일도 만나고 싶은 사람도 많았겠지만… 기도하는 일로 이번 여행을 다 보냈답니다.

집으로 돌아가는 길… 예전처럼 그런 발걸음들이었지요. 그러나 한나의 발걸음은 그렇지 않았습니다. 하나님의 응답을 가지고 기대에 부푼 발걸음이었습니다. 당장 집으로 돌아가서부터 일어날 일(?)을 기대하면서 말입니다.

신앙은 약속의 말씀들이 이루어질 것에 대한
기대로 살아가는 거랍니다.
성경 말씀 속에 가득 찬
하나님의 약속들을 하나하나 셈하면서
그리고 기억하면서 언제 어떻게 이루어질지 기대하는 것
그것이 신앙 생활하는 맛이지요.
그렇기에 주의 말씀… 항상 기억하세요.
그 말씀이 이루어지는 것을 보면서 살 때
신나는 거 아니겠어요?

한나는 집으로 돌아와 엘가나와 잠을 잤습니다. 여느 때와는 달리 기대(?)에 부풀어서 함께 잠을 잤답니다. 매일 하나님의 약속을 생각하면서 지냈습니다. 그런데… 몸에 이상이 오기 시작했네요. 기대한 것처럼 임신 증상이었습니다. 감사했습니다. 하루하루 불러오는 배를 만지면서 감사했습니다. 그리고 만삭이 되어 아이를 낳았답니다. 아들 말입니다. 아주 예쁜 아이였습니다. 하나님께 바칠 아이였습니다. 이름은 사무엘! 헝클어진 시대를 바로 잡을 아이였습니다.

❹ 1:21~28

약속 지킴을 향해 가는 사람들

한나와 엘가나는 사무엘이 태어나면서 새로운 인생을 시작하게 되었습니다. 가족들 사이에 서로 말하기 껄끄러운 분위기가 있었잖아요. 그런데 사무엘이 태어나자 그런 껄끄러움과 아픔들이 말끔하게 사라졌습니다. 더 이상 원통함도 없습니다. 격동도 없습니다. 사무엘로 인해서 흘러나오는 하나님의 은혜뿐입니다.

사람들은 기도할 때의 절박함과는 달리
기도해서 응답 받으면 마음과 태도가 달라지기 십상입니다.
기도 전에는 '응답 받는다면...' 하면서 약속했던 것들을
응답을 받은 후에는 쉽사리 잊는답니다.

아니 많은 경우에는 의도적으로(?) 잊으려고 할 때가 있답니다.

사무엘을 키우는 한나의 생각 속에는 하나님에 대한 감사뿐이었습니다. 그녀는 하루하루 사무엘을 키우면서 성전에서 기도하면서 하나님께 약속드린 것을 기억하고 있었습니다. 낳은 정은 물론이요 세 살이 될 때까지의 기른 정은 말로 표현할 수 없는 기쁨이었습니다. 아기에 대한 사랑, 늦게 낳은 아이라서 그런지 더 예뻤답니다. 한나의 가슴에 살아있는 보석이었습니다.

그런데 한나의 태도, 분명했답니다.

「...이르되 아이를 젖 떼거든 내가 그를 데리고 가서 여호와 앞에 뵈게 하고 거기 영영히 있게 하리이다」(:22)

우리는 얼마나 약삭빠르게 살고 있는지요.
많은 약속을 하나님께 드린 것 같습니다.
그런데 시간이 흐름과 동시에 너무 많이 잊고 삽니다.
양심에 가책은 물론 어떤 미안함도 느끼지 않은 채...

엘가나의 사무엘에 대한 사랑 또한 지극했습니다. 피치 못할 상황이었지만 어쨌든 둘째 부인을 얻어 아이를 얻음이 한나에게 깊은 상처였었음을 알기 때문이었습니다. 그런데 한나에게서 아들을 얻었으니 얼마나 흐뭇했는지 모릅니다. 한나가 사랑스러운 것은 물론이고 사무엘 역시 정말로 예뻤습니다. 한나와 엘가나 사이가 사무엘로 인해 얼마나 가까워졌는지요!

아장아장 걸으며 엄마 아빠 앞에서 놀고 있는 사무엘을 보면서 한나는 엘가나에게 하나님의 은혜에 감사함을 간증했습니다. 사무엘은 하나님이 주신 아이라고 말입니다. 그러더니... 한나는 엘가나가 감당하기 어려운 이야기를 꺼냈습니다. 사무엘을 실로 성전에 맡기고 그곳에서 제사장 훈련을 받게 하겠답니다. 지난날, 아이 낳으면 실로 성전에서 키울 것을 하나님께 약속했기 때문이라네요. 말하는 한나의 눈에 눈물이 맺혀 있었습니다.

며칠 후, 매년 그렇듯이 온 식구가 실로 성전에 올라가야 하는 때였습니다. 한나는 지난 두어 해 동안 어린 사무엘을 키운다는 이유로 성전 예식에 참여하지 못했는데 이번에는 올라가야 하겠답니다. 아이의 젖도 떼었으니... 하면서 말꼬리를 흐렸습니다. 그러더니 이번에 올라가서는 사무엘을 두고 올 거랍니다!

「...그 남편에게 이르되 아이를 젖 떼거든 내가 그를 데리고 가서 여호와 앞에 뵈게 하고 거기 영영히 있게 하리이다」(:22)

한나의 이야기를 듣고 있던 엘가나가 한나의 손을 살며시 잡았습니다. 그리고 말했습니다. 당신의 뜻이라면 그렇게 하라고. 하나님께 약속한 것은 지켜야 하는 것이 옳은 일이라고.

「그 남편 엘가나가 그에게 이르되 그대의 소견에 선한 대로 하여 그를 젖떼기까지 기다리라 오직 여호와께서 그 말씀대로 이루시기를 원하노라」(:23)

온 식구가 실로 성전에 올라가는 날이었습니다. 그곳에 가서 제사 드리기 위한 것들을 부산스럽게 준비했습니다. 만날 분들에게 드릴 선물도 준비했구요, 수소 세 마리를 준비했구요, 가루도 준비했습니다. 포도주도 한 가죽 부대 준비했습니다. 나귀에 하나 가득 실었습니다. 어린 사무엘도 뒤뚱거리며 함께 부산거렸습니다.

사무엘의 아장거림... 다른 때보다 더 귀엽네요. 한나의 얼굴에 읽을 수 없는 표정이 그려지고 있었습니다. 아들이 사랑스러운 건지 아니면 아들을 두고 올 생각으로 마음이 무거운 건지...

아장거리던 사무엘이 돌에 부딪혀 넘어져 아프다고 하면서 우네요. 엄마를 불렀습니다. 무릎이 까졌고 손이 멍들었습니다. 많이 아픈가 봅니다. 멍든 손을 내밀고 까진 무릎을 보이면서 엄마에게 어리광을 피웁니다. 한나... 허리춤에 있는 수건으로 사무엘의 눈물을 닦아주더니 번쩍 안아서 나귀 뒤에 매인 수레 위에다가 올려놓았습니다.

"사무엘, 거기 가만히 앉아 있거라. 지금 바쁘니깐…"

여행을 위한 모든 준비가 끝났습니다. 이제 출발할 때입니다. 사무엘 보기 위해서 한나가 수레로 다가왔어요. 사무엘은 마차 위가 편한지 아침부터 부산하게 다녀서 그런지 아까 넘어진 것 때문에 아파서 그런지… 새근새근 자고 있었답니다.

여행은 짧지 않았습니다만 실로에 올라가 드리는 제사와 축제는 가족 모두에게 즐거움이었답니다. 사무엘은 세상에 태어나 처음 가는 성전으로의 여행이었습니다. 실로에 다다라서 여정을 풀고 일정에 따라 제사를 드렸습니다.

한나가 2-3년 전에 기도하던 성전입니다. 여전히 엘리 제사장 어른께서 계셨습니다. 몇 년 안 되었는데도 지난번보다 많이 늙은 것 같이 보였습니다. 한나는 아이 사무엘의 손을 잡고 엘리 제사장을 찾아가 인사했습니다.

"샬롬! 엘리 제사장 어른 안녕하십니까?"

엘리 제사장은 여느 아낙네가 일상 그랬던 것처럼 제사 드리러 온 줄로 알았습니다. 기운이 없어 이제는 인사 받는 것도 귀찮아 보였습니다. 한나는 아무런 눈치를 채지 못하고 있는 엘리 제사장께 자신을 소개했습니다.

"제사장 어른 저를 기억하세요?"

엘리 제사장은 알아들었는지 못 알아들었는지 아무런 반응이 없었습니다.

"제사장 어르신, 저는 몇 해 전에 이곳에서 기도하던 사람입니다. 이 성전 문에서 기도하던 여자에요. 그 때도 제사장께서 이 의자에 앉아 계셨었어요."

한나의 목소리는 작지 않았습니다.

"그때 제가 미친 여자처럼 기도했었지요? 제사장 어른께서 제게 말씀하시기를 언제까지 술에 취해 있을 것이냐고 나무라셨답니다. 한 맺힌 기도를 하고 있었는데 말입니다. 그런데 하나님이 나의 기도를 들어 주셔서 이렇게 아들을 얻게 되었어요. 이 아이가 하나님께 기도해서 얻은 아이랍니다. 사무엘이죠."

엘리 제사장은 보이지 않는 눈을 비비며 한나가 소개하는 아이를 물끄러미 바라보았습니다. '진정 하나님의 응답으로 얻은 아이란 말인가?' 하는 의심의 눈으로 말입니다. 한나의 말은 계속 이어졌습니다.

"제사장 어른, 그때 제가 하나님께 기도하면서 약속한 것이 있거든요. 아들을 주시면 그의 평생을 하나님께 드리겠다고 했어요. 그래서 이제 이곳으로 데려다 놓고 제사장님께 맡겨서 제사장 훈련을 시키려고 한답니다. 우리 사무엘을 잘 훈련시켜 주셔요. 진정 하나님의 종으로 손색이 없는 일꾼이 되도록 강하게 키워 주셔요. 제사장 어른만 믿습니다!"

「한나가 가로되 나의 주여 당신의 사심으로 맹세하나이다 나는 여기서 나의 주 당신 곁에 서서 여호와께 기도하던 여자라 이 아이를 위하여 내가 기도하였더니 여호와께서 나의 구하여 기도한 바를 허락하신지라 그러므로 나도 그를 여호와께 드리되 그의 평생을 여호와께 드리나이다 하고 그 아이는 거기서 여호와께 경배하니라」(:26-28)

엘리 제사장 충격 받았겠죠.
이 시대에도 하나님께 기도하고
응답 받았다는 사람이 있다는 것을.
아니 응답 받고 간증하는 것보다
엘리 제사장에게 더 큰 충격을 준 것은
그 귀한 아들을,
그것도 아직 기우뚱 기우뚱 걸음마도 잘 하지 못하는 아이를
하나님께 바친다는 것에... 충격을 받은 것이지요.
우리의 믿음,
'이 시대에 이런 사람이 있을까?' 하는 정도의
큰 믿음이길 바랍니다.
'이 시대에 이런 헌신을 하는 사람도 있을까?' 하는
위대한 믿음이길 바랍니다.
한나는 시골 작은 마을 제사장의 아내였지만
그녀는 엘리 제사장은 물론,
하나님 마음을 감동시키는 믿음의 거장이잖아요!

5 2:1~11

선물을 보면서 선물 주신 분을 찬양하는 여인

자식을 낳지 못할 때는
사람들에게 하나님을 이야기 하는 것이
힘들었고 자신이 없었습니다. 왜냐하면
"네가 섬기는 하나님은 아이도 낳게 하지 못하더냐?" 하면서
비웃을까 봐서입니다.
그런데 이제는 자신이 있습니다.
하나님을 이야기할 때 힘이 생깁니다.
하나님의 은혜를 입은 흔적이 있기 때문입니다.
사람들은 나에게서 하나님으로 인한 기적을 보면
내가 섬기는 하나님을 이야기한다고 하더라도
따지지 못하기 때문입니다.

사무엘을 성전에 둠으로 아들을 하나님께 바친 한나의 마음이 성령으로 감동되었나 봅니다. 그녀의 입에서 하나님을 향한 감사와 찬송이 흘러나왔네요.

「내 마음이 여호와를 인하여 즐거워하며 내 뿔이 여호와를 인하여 높아졌으며 내 입이 내 원수들을 향하여 크게 열렸으니 이는 내가 주의 구원을 인하여 기뻐함이니이다 여호와와 같이 거룩하신 이가 없으시니 이는 주 밖에 다른 이가 없고 우리 하나님 같은 반석도 없으심이니이다 심히 교만한 말을 다시 하지 말 것이며 오만한 말을 너희 입에서 내지 말지어다 여호와는 지식의 하나님이시라 행동을 달아보시느니라 용사의 활은 꺾이고 넘어진 자는 힘으로 띠를 띠도다 유족하던 자들은 양식을 위하여 품을 팔고 주리던 자들은 다시 주리지 않도다 전에 잉태치 못하던 자는 일곱을 낳았고 많은 자녀를 둔 자는 쇠약하도다 여호와는 죽이기도 하시고 살리기도 하시며 음부에 내리게도 하시고 올리기도 하시는도다 여호와는 가난하게도 하시고 부하게도 하시며 낮추기도 하시고 높이기도 하시는도다 가난한 자를 진토에서 일으키시며 빈핍한 자를 거름더미에서 드사 귀족들과 함께 앉게 하시며 영광의 위를 차지하게 하시는도다 땅의 기둥들은 여호와의 것이라 여호와께서 세계를 그 위에 세우셨도다 그가 그 거룩한 자들의 발을 지키실 것이요 악인으로 흑암 중에서 잠잠케 하시리니 힘으로는 이길 사람이 없음이로다 여호와를 대적하는 자는 산산이 깨어질 것이라 하늘 우뢰 그들을 치시리로다 여호와께서 땅끝까지 심판을 베푸시고 자기 왕에게 힘을 주시며 자기의 기름 부음을 받은 자의 뿔을 높이시리로다」(:1-10)

한나의 노래 속에 많은 비밀들

「첫 번째는 하나님의 속성 몇 가지가 있답니다. 하나님의 거룩하심이 있구요(:2상). 견고하신 하나님, 우리가 의지할 가치가 있는 하나님을 노래합니다(:2하). 모든 것을 아시는 지식의 하나님을 노래하고 있구요(:3). 심판하시는 하나님을 말하고 있답니다(:3하).

두 번째는 하나님께서 하시는 일을 찬양하고 있습니다(:4-8). 하나님은 죽이기도 하시고 살리기도 하시는 분(:6). 가난과 부를 결정하시는 분(:7). 그리고 가난한 자를 귀족의 자리에 앉히시는 분(:8)으로 말하고 있네요. 이러한 일을 하실 수 있는 것은 그 분이 창조주이시기 때문이라는 고백입니다(:8하).

세 번째는 하나님께서 하실 일들을 생각하며 찬송하고 있습니다(:9-10). 하나님께서는 자기의 거룩한 백성의 삶을 지키실 것이라고 말하고 있습니다(:9). 아울러 하나님을 대적하는 자는 망하게 하실 것이랍니다(:10). 또한 온 세상을 심판하실 것이며 세상을 위하여 자신이 왕을 세우시고 견고하게 하실 것을 노래하고 있는 것입니다(:10).

한나의 노래는 얻은 아들에 대한 기쁨보다는 아들을 주신 하나님에 대한 찬송으로 가득 차 있습니다. 그리고 하나님을 의지한 자는 하나님에 의하여 축복을 받는다는 말이지요. 결국 한나의 찬송 속에는 우리를 향한 메시지가 있네요. 하나님만을 의지하라는 메시지입니다.

주님에 대한 우리의 노래는 어떤 것일까요?
받은 많은 은혜에 대한 감사와 찬송을
어떻게 하고 있나요?

받은 선물만을 좋아하고 있지는 않은지요?
아닙니다.
그 은혜, 그 선물을 주신
하나님을 잊지 마십시오.
그 하나님을 찬양하는 사람이
복된 사람입니다.

한나, 선물 주신 하나님을 얼마나 사랑했는지…
우리들의 선배들은 그렇게 살았답니다.

어린 아들을 두고 떠납니다. 아직 어린 사무엘을 엘리 제사장이 사역하고 있는 실로에 두고 집으로 돌아갑니다. 아이 사무엘은 울었겠죠. 아니 엄마가 조금 있다가 다시 올 줄 알고 방긋 웃었을 수도 있었겠죠. 한나는 아직도 뒤뚱거리면서 걷는 사무엘을 두고 라마로 돌아가는 발걸음이 무거웠습니다. 얼마나 울었을까요.

"하나님, 사무엘을 두고 갑니다. 아직 엄마의 젖을 만지면서 자야 하는 아기랍니다. 엊그제 잘 때는 자다가 이불에다가 실례(?)를 했었잖아요. 밥 먹는 것도 엄마 손을 빌려서 먹구요, 엄마라는 소리만 하루 온 종일 하는 아기랍니다. 누가 우리 사무엘을 옷 입혀 줄지… 누가 데리고 잘지… 밤에는 몇 번씩 깨곤 하거든요… 사무엘, 잘 있겠죠, 건강하겠죠, 하나님께서 우리 아기 잘 보살펴 주시겠죠? 엘리 제사장 어른, 홉니와 비느하스 제사장들… 모두가 우리 사무엘을 사랑하도록 하나님이 도와주셔요.

하나님, 나 사무엘이 보고 싶어요. 데리고 가고 싶어요. 그래도 하나님의 손에서 키워 하나님이 기뻐하시는 귀한 종이 되기를 바라기에 뒤돌아보지 않으렵니다. 아니 내가 키우는 것보다 하나님께서 키우시는 것이 훨씬 나음을 믿기에 하나님의 손에 두고 가렵니다.”

「엘가나는 (한나와 함께) 라마의 자기 집으로 돌아가고 그 아이는 제사장 엘리 앞에서 여호와를 섬기니라」(:11)

❻ 2:12~17
엘리 제사장의 아들들

실로 성전. 엘리 제사장이 늙었기 때문에 그의 아들들이 대부분의 성전 일을 하고 있었습니다. 엘리 제사장이 죽으면 자동적으로 제사장직을 계승해야 하니까요. 그런데 저들의 소문이 좋지가 않았습니다. 사람들은 엘리 제사장의 아들들을 사탄의 자식(sons of Belial)이라고 부르고 있었답니다. 하나님에 대하여 공부하는 것에도 전혀 관심이 없었구요, 당시 여느 제사장들처럼 제멋대로의 사람이었던 겁니다.

「엘리의 아들들은 불량자라 여호와를 알지 아니하더라」(:12)

제사장의 기본은 「성경지식」(하나님을 아는 지식)입니다.
그런데 성경을 공부하지 않고 제사장 노릇을 하다니요!
수술하는 외과 의사가
수술하는 것에 관한 책을 읽지도 않고
의사 노릇을 하고 있다면? 와우! 끔찍합니다.
비행기 조종사가 조정법에 관한 매뉴얼을 읽지도 않고
훈련도 받지 않고 비행기를 운전한다면?
하나님의 일을 하는 사람이
하나님에 대한 공부 없이 일을 한다면
얼마나 위험한 일인지요.
의사의 수술 실수는 육신을 죽이는 일을 합니다.
그러나 목회자의 실수는
영혼에 상처를 주고 영혼을 불구로 만들고
영혼을 죽이는 일을 할 수 있는 겁니다.
하나님의 일을 하는 사람들이여!
다른 것에는 무식해도 괜찮다오!
그러나 하나님을 아는 것,
하나님의 말씀을 아는 것에는 누구보다도
풍부해야 하는 것이랍니다.

엘리의 두 아들은 아버지가 하는 제사장 역할을 어려서부터 눈으로 보아왔습니다. 제물로 가지고 온 짐승들을 잡는 것도 보았고… 어떤 것은 불에 태우고, 어떤 것은 아버지와 식구가 먹고… 어떤 것은 버리고, 어떤 것은 제사 드리는 사람에게 주고. 공부하고 연구해서 안 것이 아닙니다. 어깨너머로 아버지가 하는 일을 보고 배운 겁니다. 제사를 배우는 것은 뒷전이고 아버지 덕으로 홉니와 비느하스는 고기를 실컷 먹으면서 자랐답니다.

엘리 제사장, 제사보다는 고기 먹는 일에만 눈독을 들이는 아들들을 나무라기는 했지만 커서 철이 들면 바르게 되겠지 하면서 아들들의 행동에 별로 신경을 쓰지 않았답니다.

홉니와 비느하스에게는 사람들이 제물로 가지고 온 고기를 먹는 것이 신나는 일이었습니다. 수년 동안, 아니 수십 년 동안 그런 일이 반복되어서 그런지 언제부터인가 고기 맛을 알게 되었습니다. 어떤 부위가 부드러운지, 어떤 부위가 기름이 섞여 있는지, 어떤 부위가 꼬들꼬들한지… 푹 삶아진 고기보다는 약간 덜 삶아진 고기 그리고 기름이 약간 섞인 부위가 쫄깃쫄깃하고 맛이 있다는 것도 발견했습니다. 그래서 사람들이 제사 드리려고 고기를 가져와서 삶기 시작할 때면 사환을 부르곤 했답니다. 왜냐하면 고기가 삶아지기 시작하면 갈고리를 가지고 있다가 눈치를 봐서 찍어내 가지고 오도록 하기 위해서였답니다. 갈고리에 찍히는 고기는 푹 익은 고기가 아니라 쫄깃쫄깃한 고기이기 때문이었습니다. 시간이 지나다 보니깐 기름을 태운 고기보다는 생고기가 맛있다는 것도 알게 되었습니다. 육회(肉膾)라고나 할까요? 사람을 시켜 불에 태우기 전의 날고기를 가져오라고 하곤 했지요. 이스라엘 사람은 날고기를 먹으면 안 됩니다. 피째 먹는 것을 하나님이 율법으로 금하셨기 때문입니다. 그런데 홉니와 비느하스 제사장들은 피 묻은 날고기를 먹겠다는 겁니다. 이스라엘 사람들과 제사장들은 하나님의 법을 무서워해서 그렇게 하는 것을 꺼렸습니다. 그런데 이 악한 제사장들은 아랑곳하지 않고 날고기를 먹었고 사람들이 그렇게 하지 못하겠다 하면 협박까지 했답니다.

「지금 내게 내라. 그렇지 아니하면 내가 억지로 빼앗으리라」(:16하)

이 말은 '그냥 줄래? 아니면 맞고 줄래?' 라는 협박입니다. 하나님께 드리는 제사를 그렇게 우습게 여겼답니다. 이들의 못된 소문… 사방에 퍼지고 있었습니다.

「그 제사장들이 백성에게 행하는 습관은 이러하니 곧 아무 사람이 제사를 드리고 그 고기를 삶을 때에 제사장의 사환이 손에 세 살 갈고리를 가지고 와서 그것으로 남비에나 솥에나 큰 솥에나 가마에 찔러 넣어서 갈고리에 걸려 나오는 것은 제사장이 자기 것으로 취하되 실로에서 무릇 그 곳에 온 이스라엘 사람에게 이같이 할 뿐 아니라 기름을 태우기 전에도 제사장의 사환이 와서 제사 드리는 사람에게 이르기를 제사장에게 구워 드릴 고기를 내라 그가 네게 삶은 고기를 원치 아니하고 날것을 원하신다 하다가 그 사람이 이르기를 반드시 먼저 기름을 태운 후에 네 마음에 원하는 대로 취하라 하면 그가 말하기를 아니라 지금 내게 내라 그렇지 아니하면 내가 억지로 빼앗으리라 하였으니 이 소년들의 죄가 여호와 앞에 심히 큼은 그들이 여호와의 제사를 멸시함이었더라」(:13-17)

성직(聖職)을 가지고 왕의 행세를 하려는 사람들,

섬김을 받으려는 사람들,

자신의 욕심을 채우려는 사람들… 흡니와 비느하스네요.

성직은 사람들로 하여금 하나님을 잘 섬길 수 있도록

도와주도록 하기 위하여 주신 직분입니다.

성직자는 자신의 시간과 자신의 물질

그리고 자신의 것을 가지고

다른 사람을 섬기는 사람들이랍니다.

성직(聖職), 감투가 아닙니다.

큰 소리 내는 자격을 얻은 것이 아니라

큰 소리 낼 수 없는 사람이 되었다는 것을 의미합니다.

성직(聖職)은 종 됨을 말하는 거랍니다.

당신에게 붙은 교회에서의 직함

목사? 장로? 권사? 집사?

섬김의 직함이랍니다!

7 2:18~21
하나님의 사람으로 자라는 사무엘

엘리의 아들들의 못된 행동과 그에 따른 평판이 사람들의 입에 오르락 내리락 하는 반면에 사무엘의 모습은 달랐습니다.

「사무엘이 어렸을 때에 세마포 에봇을 입고 여호와 앞에 섬겼더라」(:18)

한나의 마음은 일년 내내 어린 사무엘 생각뿐이랍니다. 잠을 잘 자고 있는지, 때마다 식사는 잘 하고 있는지, 아픈 곳은 없는지, 옷은 제대로 입고 있는지, 오직 마음은 실로 성전에 있는 어린 사무엘에게 가 있었답니다. 아들 보고 싶어서 눈물도 많이 흘렸구요. 꿈속에 아들 만나 잠을 설친 것이 한두 번이 아니랍니다. 꿈에 보일 때마다 혹 무슨 일이 있는 것은 아닌지 궁금해서 견딜 수 없는 나날들을 보내곤 했답니다. 그러나 기다려야 했습니다. 만날 그날을 말입니다. 좀 더 자랐을 사무엘에게 입힐 옷을 손수 만들면서…

어린 아이가 아주 귀엽고 깜찍하게 아기 제사장 노릇을 하고 있습니다. 그 엄마 한나는 일 년에 한번 들려서 사무엘을 만났는데도 행복해 합니다. 물론 엄마 손에는 일 년간 아들 사무엘을 생각하면서 손수 만든 자그마한 옷이 있었습니다. 한나는 생긋 웃는 사무엘을 보고 부쩍 자란 아들을 보고 가슴이 메였습니다만 꾹 참았습니다. 그리고 꼭 끌어안고… 하나님께 감사 기도를 드렸습니다.

가지고 온 보자기를 풀어 만들어 온 옷을 입혀 봅니다. "우리 사무엘 많이 컸네…" 엄마의 말입니다. 옆에 있는 아빠 엘가나의 얼굴에도 웃음이 있습니다. 한나가 만들어 온 옷을 입은 어린 사무엘은 펄쩍펄쩍 뛰면서 좋아했습니다. 일 년 만에 입는 새 옷이거든요. 작년에 입은 옷은 처음에는 맞았지만 지금은 작습니다. 팔도 끼고 짧았구요. 다리도 자랐기 때문에 입기도 불편했었습니다. 그런데 엄마가 새 옷을 가지고 온 겁니다. 엄마가 만들어 온 옷은 이상하게 꼭 맞습니다. 팔 길이도 맞고 품도 맞고 바지는 좀 길었습니다. 엄마가 접어주었습니다. 사무엘이 엄마에게 길다고 말하자 엄마가 말합니다.

"사무엘, 키가 금방 크기 때문에 조금 길게 했단다. 키가 크면 잘 맞을거야. 알겠지?"

사무엘은 고개를 끄떡입니다. 그리고는 넘실넘실 새 옷을 입은 것이 좋은지 자꾸만 쳐다봅니다. 새 옷을 입고 성전을 뛰어 다닙니다. 아빠 손도 잡아보고 엄마 손도 잡고 걷기도 하고 뛰어 봅니다. 노래도 하구요… 새 옷을 입은 것이 좋은지 아니면 꿈속에서만 보이던 엄마의 따뜻한 가슴에 안겨서 그런지… 사무엘은 매우 좋았습니다. 엄마 아빠와 함께 있는 모습… 엘리 제사장께서 좀 봐 주시면 좋겠는데…

「그 어미가 매년제를 드리러 그 남편과 함께 올라갈 때마다 작은 겉옷을 지어다가 그에게 주었더니」(:19)

사무엘, 역사 속에 가장 훌륭한 인물 가운데 한 분입니다.
평생 동안 한 번도 자세가 흐트러지지 않은 삶을 산 분이지요.
그 이름 역시 하나님의 은혜로 태어난 사람이라는
귀한 뜻이 있구요.
어떤 이유에서인지는 몰라도 많은 사람들이
자신의 자녀 이름을 사무엘이라고 지어 준답니다.
사무엘처럼 하나님이 주셨음을 감사하는 이유에서인지
아니면 사무엘과 같은 인물이 되라는 의미인지…
그런데 사무엘이 우리가 좋아하고 존경하는 인물이 되기까지는
그 어머니 한나가 있었음을 잊으면 안 됩니다.
한나의 엄청난 기도…

미친 여자 취급받으면서 드린 기도를 기억해야 합니다.

한나의 살을 베는 헌신…

젖 뗀 어린 아이를 성전에 홀로 두고

그 교육을 하나님께 맡긴 거 말입니다.

혀를 깨문 헌신을 기억해야 합니다.

당신의 자녀가 사무엘과 같은 귀한 사람 되길 원하시나요?

한나와 같이 헌신하십시오.

기도의 헌신, 성전에서 양육할 헌신…

그러면 하나님이 당신의 자녀를

이 시대의 사무엘로 만드실 것입니다.

엘리 제사장이 희미한 눈으로 보고 있었습니다. 노래하고 찬송하고 사랑을 나누는 이 행복한 가정을. 어린 사무엘이 너무 기특합니다. 엄마 없이도 아주 착하게 성전에서 자라고 있거든요. 아들을 사랑하는 마음으로 만든 옷을 입히는 한나의 모습이 너무나 아름답게 보입니다. 저토록 예쁜 아들을 성전에 떼어놓고 일 년에 한 차례씩 만나는 그 어머니의 마음이 귀하게 여겨졌고… 반면에 자신이 홉니와 비느하스를 그렇게 키우지 못함이 부끄러웠습니다.

엘리 제사장, 어린 사무엘을 하나님께 바치고 기도하는 엘가나와 한나를 보다가 몸을 일으켜 저들이 있는 곳으로 갔답니다. 엘가나와 한나가 엘리 제사장 어른께 머리 숙여 인사를 했습니다. 사무엘도 엄마의 손을 꼭 잡고… 엄마의 손을 놓고 싶지 않은가 봅니다. 엘리 제사장 어른께 인사를 했습니다. 그리고는 엄마가 입혀준 새 옷을 엘리 제사장께서 봐주시기를 바라는 것처럼 손을 한번 번쩍 들었답니다. 엘리 제사장은 힘없는 목소리로 사무엘에게 말했습니다.

"사무엘, 엄마 아빠 만나서 좋으냐?"

"예!"

엘리 제사장이 말을 계속했습니다.

"엄마가 만들어 준 옷이 무척이나 멋지구나!"

엘리 제사장은 엘가나와 한나를 보면서 그들을 축복했습니다.

"엘가나, 이 한나를 통해 하나님께서 후사를 주시길 축복하네. 사무엘을 바쳤으니 사무엘을 대신할 아들을 하나님께서 주시길 기도한다는 말이지…"

「엘리가 엘가나와 그 아내에게 축복하여 가로되 여호와께서 이 여인으로 말미암아 네게 후사를 주사 이가 여호와께 간구하여 얻어 드린 아들을 대신하게 하시기를 원하노라」(:20)

축복하고 싶은 가정이 있습니다.
모든 가정이 잘되기를 바랍니다만
정말 축복이 임하기를 바라고

축복해 주고 싶은 가정이 있답니다.
믿음으로 사는 가정입니다.
아마 하나님도 그런 가정은 축복해 주고 싶으실 겁니다.
우리들의 가정
하나님 보실 때에는 물론이고 사람들이 볼 때에도
축복하고 싶은 그런 가정이 되어야 하지 않을까요?

시간은 멈추지 않았습니다. 아빠도 엄마도 다시 돌아가야 할 시간이 온 겁니다. 사무엘... 다시 혼자 있어야 할 시간이 온 겁니다. 어린 사무엘은 소리내지 못했습니다. 그런데 자꾸만 눈물이 납니다. 엄마 아빠와 함께 있고 싶어서였습니다. 그런데 울면 안 됩니다. 엄마가 그러는데 울면 하나님이 싫어하신답니다. 하나님께서는 사무엘이 하나님과 함께 있는 것을 제일 좋아하신다고 말했기 때문입니다. 하나님을 기쁘시게 해드리려면 오늘부터 하나님 계신 성전에 들어가야 한답니다. 사무엘이 성전에 있으면 하나님이 너무 좋아하신답니다. 사무엘이 엄마와 함께 있으면 하나님이 성전에 혼자 계시기에 하나님이 슬퍼하신다고 엄마가 말했습니다. 그러니 하나님을 기쁘시게 하기 위해 사무엘은 성전에 들어가야 한다고 했습니다. 그래서... 가는 엄마를 붙들고 싶었지만... 엄마의 말씀대로 하나님 혼자 계시면 심심하실까봐... 붙잡을 수 없었습니다. 그런데도 자꾸만 눈물이 납니다. 엄마와 같이 있고 싶습니다.

한나는 사무엘을 살포시 끌어안았습니다. 그리고 입을 맞췄습니다.

"사무엘, 어르신들 말씀 잘 듣고... 엄마가 늘 기도하고 있을게... 그리고 내년에는 더 멋있는 옷을 만들어다가 입혀 주마! 사무엘도 하나님 말씀 많이 배우고 기도도 많이 하면서 지내거라..."

일 년 만의 만남... 그리고 헤어짐... 하나님만을 의지한 가족의 모습이었습니다.

한나... 길 가면서 어린 사무엘 생각이 그치지 않았습니다. 다시 만날 내년을 생각하면서 하나님께 기도했습니다.

"하나님, 우리 사무엘... 잘 키워주세요."

실로를 향해 눈을 떼지 못하는 한나의 마음... 흐르는 눈물... 감추고 있었습니다.

집으로 돌아온 엘가나와 한나, 한나가 임신했네요. 엘리 제사장의 축복대로 말입니다. 그리고 기한이 되어 아들을 낳았답니다.

사무엘 만난 지 다시 일 년 되었네요. 그동안은 임신으로 인해 사무엘 생각을 잊을 수 있었구요. 두 달 전부터는 낳은 아기 때문에 더 정신이 없었답니다. 그래도 사무엘 만나러 가야지요. 갓난 아기 데리고라도 사무엘을 보러 가야지요.

그렇게 한해 한해를 보내면서 아기들을 낳았답니다. 아들을 셋, 딸을 둘… 하나님이 주신 이 아이들로 인해 한나는 성전에 두고 온 사무엘에 대한 그리움으로 흘린 눈물들을 씻을 수 있었답니다. 헌신한 사람의 힘듦에 대한 하나님의 또 다른 은혜였답니다.

「…그들이 그 집으로 돌아가매 여호와께서 한나를 권고하사 그로 잉태하여 세 아들과 두 딸을 낳게 하셨고 아이 사무엘은 여호와 앞에서 자라니라」(:20하-21)

헌신한 자에게 임한 은혜…
늦게 얻은 아들 사무엘을 떼어놓는다는 것
그것도 갓 젖뗀 아이를 성전에 떼어놓는다는 것…
말같이 쉽지도 간단하지도 않은 거랍니다.
한나, 무척이나 많이 울었을 겁니다.
그러나 하나님과의 약속 지키기 위해
피 마르는 그리움을 이겨냈구요.
하나님과의 약속을 지키기 위해
터지는 마음을 부둥켜 안았었지요.
어떤 것으로도 어린 사무엘에 대한 그리움 잊을 수 없기에…
하나님께서 나서셨습니다.
그리움을 잊게 하셨습니다.
자식들을 줌으로 말입니다.
하나님 마음에 합한 헌신자에게 주신
하나님의 또 다른 은혜랍니다.

8 2:22~26
몹쓸 사람들

늙은 엘리 제사장, 모든 것이 귀찮은 듯 성소에서의 모든 업무를 아들들에게 전부 맡겼습니다. 제사 드리기 위해서 오는 사람들을 만나는 것은 물론 성소에서의 제반 일들을 모두 맡긴 것이지요.

일을 맡기고 또 일을 맡아서 한 것이 잘못된 것이 아니었습니다. 일을 엉터리로 하고 있다는 것이 문제였습니다. 정성도 없이 믿음도 없이 개망나니로 성소의 일을 하고 있었던 것이지요.

당시 이스라엘 사람들은 가나안 사람들과 섞여 살고 있었습니다. 물론 이스라엘 사람들이 가나안에 들어와 원주민들을 정복하긴 했습니다. 그러나 완전히 쫓아내지 못했었답니다. 그 남아 있던 사람들이 신흥 세력인 이스라엘에게 고개를 숙이고 살긴 했습니다만 신앙만은 자기들의 것을 그대로 가지고 있었죠. 가나안 신앙 말입니다. 그 신앙은 우상을 섬기는 행위 가운데 신전 매춘이 있었습니다. 블레셋 문화도 들어 와 있었는데 그 문화 역시 종교와 더불어 지저분한 행위들이 합법적으로 허락되어 있었던 겁니다. 이스라엘 사람들은 이러한 것들을 은근히 부러워했고 어떤 이들은 실제로 이들의 못된 습성을 배웠답니다. 그런 사람들 가운데 엘리 제사장의 두 아들 홉니와 비느하스가 있었지요.

회막에서 제사장들을 도와 일하는 여인들이 있었습니다. 아마도 옷감을 짜기도 하고 그 위에 수를 놓기도 했을 것이며 옷을 수선하기도 하고 세탁을 하는 일을 했을 것으로 추정됩니다. 홉니와 비느하스는 성전에서 일하고 있는 여인들과 농담을 하곤 했습니다. 그런데 그 농담이 지나칠 때가 종종 있었죠. 입에 담기조차 부끄러운 말장난이 점점 노골화되었습니다. 주로 오가는 말이 음담패설이었습니다. 그러더니 결국은, 아주 자연스럽게 성전에서 일하는 여인들과 잠을 자곤 했던 겁니다. 물론 은밀한 시간에 은밀한 곳에서 그런 짓을 했겠죠. 그러나 꼬리가 길면 잡히는 법... 사람들의 눈에 발각되어 입에서 입으로 소문이 나기 시작한 겁니다. 그 소문이 돌고 돌아 엘리 제사장의 귀에까지 들어왔답니다. 엘리 제사장이 기가 막혔습니다. 그리고 찬찬히 알아듣게 꾸짖었습니다.

「엘리가 매우 늙었더니 그 아들들이 온 이스라엘에게 행한 모든 일과 회막문에서 수종드는 여인과 동침하였음을 듣고 그들에게 이르되 너희가 어찌하여 이런 일을 하느냐 내가 너희의 악행을 이 모든 백성에게서 듣노라 내 아들아 그리 말라…」(:22-24상)

그러나 엘리 제사장의 아들들에 대한 꾸짖음은 따끔한 꾸짖음이 아니었답니다. 그런 악을 행해도 괜찮다는 의미는 아니었습니다만, 아주 형식적인 꾸짖음이었지요. 호되게 야단치면 홉니와 비느하스의 마음에 상처를 주지나 않을까 하는 염려도 있었지만, 또 다른 이유는 이들의 죄악은 제사장 직을 그만 두어야 하는 죄였는데 그렇게 할 수는 없었기 때문이었던 거지요.

자녀 교육…
쉬운 것이 아닙니다.
아마 세상에서 가장 어려운 것이
내 뱃속에서 나온 자녀를 기르는 것일 겁니다.
자녀가 잘못되는 경우들, 여러 가지 이유가 있습니다.
부모가 좋은 인품의 사람임에도
자녀에 대한 부모의 소홀함 때문일 경우가 있구요.
부모의 나쁜 성품으로 말미암아
보고 배운 것이 그것뿐이기에

자녀가 잘못되는 경우가 있습니다.

어떤 경우에는 과잉 사랑 때문에

자녀가 곁길로 나가는 경우도 있습니다.

이러한 이유들만은 아닐 겁니다.

자녀 기르는 데는 누구도 자랑할 수 없으니까요.

부모가 할 수 있는 것들

먼저 본을 보여야겠죠.

일단 아이들은 부모의 행동을 보면서

자신의 생각을 형성하고 행동을 형성하니까요.

또 하나는 사람의 마음을 지배하는 것은 성령이시기에

기도하는 것입니다.

자녀를 위한 기도

부모가 해 줄 수 있는 가장 큰 선물입니다.

한 가지를 더 말한다면

사랑하기에 채찍을 댈 줄 알아야 한다는 겁니다.

성경의 가르침입니다.

「초달(채찍)을 차마 못하는 자는 그 자식을 미워함이라 자식을 사랑하는 자는 근실히 징계하느니라」(잠 13:24)

「아이의 마음에는 미련한 것이 얽혔으나 징계하는 채찍이 이를 멀리 쫓아내리라」(잠 22:15)

「아이를 훈계하지 아니치 말라 채찍으로 그를 때릴지라도 죽지 아니하리라」(잠 23:13)

자녀를 키우는 왕도(王道) 없습니다.
그렇기에 성경적 원리 따르는 겁니다.

엘리 제사장의 아들들에 대한 판단은 정확했습니다. 죽을 죄라는 것 말입니다. 엘리 제사장의 아들들의 죄를 이렇게 보고 있었습니다. 홉니와 비느하스가 백성들로 하여금 죄 짓도록 하는 기회를 준 죄로 보았습니다.

「너희가 여호와의 백성으로 범과케 하는도다」(:24하)

홉니와 비느하스의 죄는 하나님께 대한 죄였다고 보았습니다.

「...사람이 여호와께 범죄하면 누가 위하여 간구하겠느냐」(:25중)

홉니도 비느하스도
아버지의 말을 듣고 양심에 찔리지 않았을까요?
부끄러운 행동을 들켜 사람들에게 창피하지 않았을까요?
하나님에 대한 생각이
그들에게 두려움을 주지 않았을까 생각되는데도
저들이 회개하지 않았답니다.
'회개' 하지 않았답니다.
'기회' 를 놓치고 있네요.
죄를 지었을 때 하시는 성령의 역사하심
사람이나 환경 혹은 말씀을 통해
회개를 촉구하시는 것이랍니다.

기회를 놓치지 마세요. 돌이키는 겁니다.

그리고 바른 길, 주님이 원하시는 생명 길로 가는 겁니다.

그것이 지혜 있는 사람의 행동이고

용기 있는 사람의 모습이랍니다.

사무엘과 엘리 제사장의 두 아들들…

비교되네요.

엘리 제사장의 아들들… 불량자, 깡패였습니다.

사람들이 싫어하는 자들이었답니다.

하나님도 너무 싫어서 죽이기로 한 사람들이었답니다.

사무엘, 엄마도 아빠도 볼 수 없는 아픔을 가지고 있잖아요.

그런데도 하나님께 사랑 받으면서 자라고 있었습니다.

사람들도 사무엘을 사랑했답니다.

왜 그랬을까요?

분명 부모의 보이지 않는 기도가

저들의 생각과 행동을 만들어 갔을 겁니다.

엘리 제사장은 기도하지 않았을 겁니다.

한나는 무척이나 기도했을 겁니다.

우린, 우리의 자녀들을 위해 지금 무엇을 하고 있나요?

「사무엘이 점점 자라매 여호와와 사람들에게 은총을 더욱 받더라」(:26)

우리의 자녀가 이 말씀의 주인공이 되도록 하세요!

⑨ 2:27~36

들켜버린 숨겨진 비리

밤이 지나 아침이 되면 엘리 제사장은 성전 문설주 의자에 앉아 하루를 보냅니다. 이른 아침부터 그렇게 앉아 있으면 따스하게 내리쬐는 햇빛으로 인해 슬그머니 잠이 온답니다. 꾸벅꾸벅… 새들이 아침을 노래하며 오고가도 엘리 제사장은 꾸벅꾸벅 졸고 있을 뿐입니다. 가끔 제사를 드리러 온 사람이 엘리 제사장에게 인사합니다만 눈도 제대로 뜨지 못한 채 힘없는 소리로 겨우 응답만 할뿐 다시 꾸벅꾸벅 존답니다.

점심 때가 다 되었을 때, 사무엘이 오더니 졸고 있는 엘리 제사장을 깨웁니다. 날이 더워지기 시작했으니 시원한 곳으로 가시랍니다. 그리고 점심 식사도 하셔야 한다고 말하네요. 늙은 엘리 제사장은 사무엘의 부축을 받으며 그렇게 하루를, 그렇게 시간을 보냈답니다. 제사 일들은 아들들, 홉니와 비느하스에게 맡기구요...

성전에 손님이 오셨습니다. 사무엘이 모르는 사람이었습니다. 실로 사람이 아닌 것은 분명했고 먼 곳에서 온 사람 같았습니다. 인상이 아주 좋구요, 친절한 모습이었습니다. 엘리 제사장을 뵙고 싶답니다. 사무엘은 엘리 제사장은 나이가 많으셔서 성전 일 모두는 그분의 아들들이 맡아서 하니 홉니와 비느하스 제사장을 뵙는 것이 어떠냐고 말씀드렸습니다. 손님이 말했습니다. 아니랍니다. 엘리 제사장 어른을 뵈어야 한답니다.

사무엘이 엘리 제사장에게로 갔습니다. 그리고 오신 손님이 뵙기를 청한다고 말씀드렸죠. 엘리 제사장이 모셔오랍니다. 엘리 제사장께로 그 분을 안내해 드렸습니다. 두 분이 인사 나누는 것을 보고 사무엘은 자리를 떠났답니다. 먼 곳에서 두 분께서 이야기 나누는 모습만 볼 뿐이었습니다.

「하나님의 사람이 엘리에게 와서 그에게 이르되...」(:27)

손님... 하나님의 말씀을 가지고 왔답니다. 그럼에도 불구하고 엘리 제사장은 놀라지도 않았습니다. 아니 놀랄 힘도, 놀랄 필요도 없었습니다. 긴 인생을 사는 동안 수많은 일들을 겪어 왔거든요.

손님이 엘리 제사장에게 물었습니다.

"하나님이 어떤 하나님이신 줄 알고 있냐?"

엘리 제사장은 듣고만 있었습니다. 감히 어느 놈이 제사장 앞에서 하나님 운운하는지 가소롭다는 표정이었습니다. 그래도 노련한 백발 엘리 제사장은 아무런 동요 없이 듣고 있었습니다. 손님은 말을 계속했습니다. 우리의 조상들이 애굽 바로의 수하에 있을 때… 하나님이 구원하신 일을 말했습니다. 그 많은 구원받은 이스라엘 사람들 가운데서 레위 사람을 택한 것을 말했습니다. 그리고 그 레위 사람에게 에봇, 제사장 옷을 입혔음을 이야기했답니다. 제사 드리는 특권을 주었음을 이야기했답니다. 듣고 있던 엘리 제사장은 점점 정신이 들기 시작했습니다. 처음 보는 사람이 자신의 가문에 관한 이야기를 하고 있기 때문이었습니다.

엘리 가문은 하나님의 특별한 선택을 받은
존귀한 가문입니다.
엘리는 대제사장 아론의 아들 가운데 한 사람인
'이다말' 집안의 사람입니다.
대제사장 가문의 사람이지요.
훌륭한 가문은 자랑스러운 것입니다.
축복입니다.
훌륭한 가문을 가진 사람은
보통으로만 살아도 훌륭하게 됩니다.

그러나 가문이 그 사람을 지켜 주는 것은 절대로 아니랍니다.
하나님은 가문을 통해 일하시는 것이 아니라
신실한 사람을 통해서 일하십니다.

손님의 이야기가 계속되는데, 늙은 엘리 제사장을 무안케 하는 말을 하네요. 하나님께 드리는 제물과 예물들을 소홀히 하고 있다는 겁니다. 엘리 제사장은 마음이 찔렸습니다. 백성들이 하나님께 드린다는 명분으로 가지고 온 수많은 좋은 것들이 사실 자기 집으로 들어갔거든요. 아들들에게 며느리들에게, 그리고 창고로 말입니다.

손님이 또 말했습니다. 어찌하여 하나님보다 자식들을 더 귀히 여기냐고… 어찌하여 하나님께 드릴 것을 아들들에게 빼돌렸냐고… 말하는 겁니다. 엘리 제사장의 손이 떨렸습니다. 심장이 멎을 것 같았습니다.

엘리 제사장의 숨겨진 비리들…
백성들은 홉니와 비느하스는 미워하고 무시했어도
엘리 제사장만큼은 존경했거든요.
그런데
엘리 제사장, 사람들에게 들키지 않았을 뿐
보이지 않는 비리가 있었던 겁니다.
이 나쁜 일들을 백성은 몰랐지만
자식들은 알고 있었구요…
그래서 자식들이 아버지의 행동을 보고 그렇게 된 거랍니다.

아무도 모를 줄 알았는데

처음 보는 손님이 와서 그 숨겨진 일들을 낱낱이 캐내는 겁니다.

사람들은 속았지만…

하나님은 속지 않고 계셨답니다.

우리들, 사람들에게는 괜찮은 사람으로 보이는데

혹 하나님 눈에 숨겨진 비리들로 드러날 것들 있지 않은가요?

손님의 말이 계속되었습니다. 하나님의 말씀이라고 강조하면서 하는 말입니다. 조상들이 성실하게 제사장 역할을 하므로 그 축복을 영원히 누릴 것을 말했었는데 엘리 제사장의 악행으로 인해 그 축복이 완전히 소멸될 것이랍니다. 하나님을 무시했기 때문이라네요. 하나님은 자신을 존중히 여기는 사람을 존중히 여기시는 분이지 자신을 무시하는 사람에 대해서는 하나님도 무시하는 분이시랍니다.

「그러므로 이스라엘의 하나님 나 여호와가 말하노라 내가 전에 네 집과 네 조상의 집이 내 앞에 영영히 행하리라 하였으나 이제 나 여호와가 말하노니 결단코 그렇게 아니하리라 나를 존중히 여기는 자를 내가 존중히 여기고 나를 멸시하는 자를 내가 경멸히 여기리라」(:30)

가문에 노인이 하나도 없을 거랍니다. 지난 40여 년 동안, 아니 조상 때부터 지켜오던 실로 성전이 비참하게 무너지는 것을 보는 비극을 눈으로 볼 것입니다. 한 사람만을 남겨 두어 제사장 역할을 하게 하실 거랍니다. 가문에 속한 집안 사람들은 하나같이 젊어서 죽을 거라네요.

「보라… 네 집에 노인이 하나도 없게 하는 날이 이를지라 이스라엘에게 모든 복을 베푸는 중에 너는 내 처소의 환난을 볼 것이요 네 집에 영영토록 노인이 없을 것이며… 네 집에 생산하는 모든 자가 젊어서 죽으리라」(:31-33)

엘리 제사장은 믿을 수 없었습니다. 너무 끔찍한 저주였거든요. 그래서 손님을 향해서 마치 비웃는 투로 그만하고 돌아가라고 말했습니다. 손님은 자신이 하는 말을 듣기 싫어하며 농담처럼 듣고 있는 엘리 제사장을 향해서 말했습니다. 홉니와 비느하스가 한 날에 죽을 거랍니다. 그때 그걸 보면… 지금까지 말한 것들이 농담이 아니었다는 것을 알게 될 거라네요!

「네 두 아들 홉니와 비느하스가 한 날에 죽으리니 그 둘의 당할 그 일이 네게 표징이 되리라」(:34)

손님의 말은 계속 이어졌습니다. 엘리 제사장의 가슴에 못을 박는 말이었습니다. 엘리 제사장 가문이 누렸던 축복을 빼앗아 다른 사람에게 줄 것이랍니다.

「내가 나를 위하여 충실한 제사장을 일으키리니 그 사람은 내 마음 내 뜻대로 행할 것이라 내가 그를 위하여 견고한 집을 세우리니 그가 나의 기름 부음을 받은 자 앞에서 영구히 행하리라」(:35)

그리고 그나마 남은 후손으로서 제사장 역할을 하는 사람은 사역을 할 처소가 없어서 이곳 저곳을 다니며 구걸하는 제사장이 될 거랍니다.

「네 집에 남은 사람이 각기 와서 은 한 조각과 떡 한 덩이를 위하여 그에게 엎드려 가로되 청하노니 내게 한 제사장의 직분을 맡겨 나로 떡 조각을 먹게 하소서 하리라」(:36)

하나님과 하나님의 일을 빙자하여 살아가는 일
하나님께서 알고 계신답니다.
사역자는 아니 그리스도인은 누구나
하나님 제일주의로 살아야 합니다.
하나님의 말씀을 기준으로 하여
정확하게 판단하고 살아야 합니다.
자신의 사리사욕(私利私慾)을 채우려면 안 됩니다.
하나님의 일을 하면서 하나님의 것으로 부자가 되려 하면
하나님이 기뻐하지 않습니다.
그리스도인은 자신의 삶을 모두
하나님께 완전히 맡겨야 합니다.
물질은 물론이요 자녀의 문제까지도 말입니다.
그럴 때 하나님이 기뻐하십니다.
이 땅에서 축복을 주시든지 아니면
고생만 하다가 하나님 앞으로 가든지
그리스도인에게는 그것이 문제가 아닙니다.
성실하게 하나님을 존중히 여기는 삶

훗날 그것을 심판 받게 될 것입니다.

하나님께서 인정하시는 참 성공해야겠지요!

무서운 저주를 들은 제사장 엘리...

궁금하네요...

엘리 제사장은 어떤 생각을 했을까?

그리고 어떤 삶에 변화가 있었을까?

...

우리가 혹 이런 무서운 하나님의

또는 사람의 소리를 듣게 된다면?...

우린 어떤 변화가 있을까요?

무덤덤?

무시?

아니면 철저한 회개?

사는 길, 생명의 길을 택하자구요!

⑩ 3:1~9

부름 받은 사무엘

아직 사무엘이 열 살이 덜 되었을 때, 입다 사사가 암몬 사람들을 물리치고 이스라엘 사람들에게 존경 받고 있을 때입니다만 서쪽에서는 블레셋이라는 나라가 이스라엘 사람들을 못살게 굴고 있었습니다. 이따금 블레셋 사람들이 쳐들어와 노략질 한다는 소문이 파다했습니다. 이스라엘 사람들은 블레셋 사람들이 미웠습니다. 그러나 힘없는 이스라엘 사람들은 속수무책이었습니다. 스스로 영웅이라고 하는 사람들이 있었지만 블레셋을 막기에는 역부족이었습니다. 누군가가 블레셋을 제발 좀 막아 주었으면 하는 생각이 간절했습니다. 그런 가운데서도 블레셋의 문화를 아주 좋아하면서 즐기던 사람들도 있었답니다.

실로 성전에서는 여전히 제사 행위가 벌어지고 있었습니다. 그러나 습관적으로 드리는 제사였을 뿐 하나님을 사모하지도 찾는 것도 아니었습니다. 행동은 자기들 마음대로 하면서도 제사 드리지 않으면 뭔가 찜찜하므로 습관적으로 하는 행위였죠. 자기 멋대로 생각하고 행동하고 있었답니다.

「그 때에 이스라엘에 왕이 없으므로 사람이 각각 그 소견에 옳은 대로 행하였더라」(삿 21:25)

제사장들도 에봇만 입고 있었을 뿐, 하는 일이 성전에서 하는 일이었을 뿐 백성들과 다를 바가 없었습니다. 기도하지 않았구요 말씀도 연구하지 않았답니다. 하나님의 뜻을 찾지도 않았답니다. 그래서 그 시대에는 하나님의 뜻이 말씀으로도 이상으로도 거의 나타나지 않았답니다.

「아이 사무엘이 엘리 앞에서 여호와를 섬길 때에는 여호와의 말씀이 희귀하여 이상이 흔히 보이지 않았더라」(:1)

영적인 가뭄의 때입니다.
영적인 양식을 찾기가 어려운 때입니다.
그래서 힘이 없고 기운이 없는 겁니다.
그런데도 물을 찾지도 않습니다.
양식을 찾지도 않습니다.
병들었기 때문입니다.

어두움의 때입니다.
빛이 없는 때입니다.
그래서 방황하는 겁니다.
그런데도 빛을 찾지 않습니다.
눈이 감겼기 때문입니다.

건강한 사람은 목마름을 견디지 못한답니다.
배고픔을 참지 못합니다.
어두움 가운데 있지도 못하고 있으려고도 하지 않습니다.

「하나님이여 사슴이 시냇물을 찾기에 갈급함 같이 내 영혼이 주를 찾기에 갈급하니이다」(시 42:1)

건강한 성도의 부르짖음입니다.

이런 시대에도
하나님 은혜의 맥 흐르고 있는 소리가 납니다.
"사무엘이... 여호와를 섬기"고 있다는 소리입니다.
희망, 잃지 마세요.
어두움, 원망하지 마세요.
조용히 하늘 향해 귀를 기울여 보세요.
여전히 남은 자들을 위해 흘려보내시는
하나님 은혜의 맥 흐르는 소리
듣게 된답니다.

사무엘이 자는 곳은 성전 안이었습니다. 고생이 심했습니다. 한나에게는 무척이나 귀한 아들인데… 엄마 아빠가 없다고 성전 추운 곳에서 자게 한 것인지 아니면 못된 홉니와 비느하스가 성전에서 자라고 구박을 한 것인지… 이른 새벽과 늦은 밤에 해야 하는 성전 안에 있는 등잔의 불을 끄고 켜는 일은 원래 제사장 홉니와 비느하스가 할 일인데… 그 일이 무척 귀찮거든요. 그래서 어린 사무엘에게 시키고 자기들은 편히 잠을 잔 것 같네요. 그렇다면 진짜 지독하게 나쁜 놈들이 아니겠는지요!

「엘리의 눈이 점점 어두워 져서 잘 보지 못하는 그 때에 그가 자기 처소에 누웠고 하나님의 등불은 아직 꺼지지 아니하였으며 사무엘은 하나님의 궤 있는 여호와의 전 안에 누웠더니」(:2-3)

축복은 어려움을 잘 참고 있을 때 오는 법이랍니다.
엘리와 홉니 그리고 비느하스는 어린 사무엘을
자기들이 있고 싶지 않은 곳으로 내보내었지만
그곳은 하나님 계신 곳이었답니다!

힘 있는 못된 누군가로 인해
힘든 곳에 있나요?
억울하고 힘들고 눈물이 나더라도
잘 참아보세요.
그곳이 하나님 계신 생명의 자리, 축복의 자리임을
발견하게 될 거랍니다.

성전에서 잠을 자는데 부르는 소리가 들렸습니다. 깜짝 놀란 사무엘은 얼른 일어나서 엘리 제사장께로 갔습니다. 늦게 가면 혼나거든요. 전에도, 아니 늘 자고 있는데도 시킬 일이 있으면 아무 때나 부르곤 했었습니다. 엘리 제사장만 그런게 아니라 홉니 제사장도 비느하스 제사장도 자기들 편한대로 부르곤 했던 것이지요. 만일 부르는데 가지 않는다거나 늦게 가면 혼나는 것은 물론이었구요. 그래서 부르는 소리가 나자, 대답 먼저 하고 엘리 제사장에게로 달려갔답니다.

「...사무엘은 하나님의 궤 있는 여호와의 전 안에 누웠더니 여호와께서 사무엘을 부르시는지라 그가 대답하되 내가 여기 있나이다 하고」(:3하-4)

황급히 달려갔는데 엘리 제사장께서 부르지 않으셨답니다. 선잠을 깬 사무엘, 짜증스럽다는 듯이 다시 성전으로 들어가 누웠습니다. 피곤했는지 이내 잠들었답니다. 그런데 또 분명하게 자신의 이름을 부르는 소리가 들렸습니다.

"사무엘아! 사무엘아!"

벌떡 일어나 엘리 제사장에게로 달려갔습니다.

"제사장 어른, 저 왔습니다. 사무엘입니다."

엘리 제사장도 잠이 들 만하면 사무엘이 자꾸만 잠을 깨워 귀찮았습니다.

"사무엘! 나는 널 부르지 않았다! 들어가 자거라!"

사무엘도 이상했습니다. 분명히 누군가 자신의 이름을 불렀는데 엘리 제사장은 부르지 않았다고 하시고… 엘리 제사장께 미안했습니다. 주무시는데 자꾸 깨웠잖아요. 사무엘은 성전으로 돌아가 잠을 청했습니다. 잠이 잘 오질 않네요. 그러다가 다시 잠들기 시작했습니다. 그런데…

"사무엘아! 사무엘아!"

또 들렸습니다. 이번엔 진짜였습니다. 그래서 후다닥 일어나 엘리 제사장에게로 갔지요.

"제사장 어르신, 부르셨기에 제가 여기 왔습니다."

엘리 제사장은 이상한 생각이 들었습니다. 자기는 한 번도 부르지 않았는데 사무엘이 세 번이나 온 겁니다. '혹시… 하나님이 저 아이를 부르신 것이 아닐까?' 사무엘에게 말했습니다.

"사무엘, 이번에 누군가가 너를 부르면 이렇게 대답하거라. '여호와여 말씀하옵소서. 주의 종이 듣겠나이다' 라고. 하나님이 너를 부르시는 것 같구나…"

사무엘은 놀랐습니다. 하나님이 자신을 부르신다는 엘리 제사장의 말씀 때문이었습니다. 이때까지 한 번도 하나님의 음성을 들어 보지 못했었거든요.

「사무엘이 아직 여호와를 알지 못하고 여호와의 말씀도 아직 그에게 나타나지 아니한 때라」(:7)

하나님이 부른 것일 수도 있답니다. 성전 처소에 가서 잠을 자려고 했지만 잠이 오지 않았습니다. 이름 부르는 소리를 들어야 했기 때문입니다. 정신이 말똥말똥했습니다.

"다시 내 이름이 불려질까? 아니면..."

잠이 오질 않았답니다.

헝클어진 시대를 다시 세워갈 사람...
하나님 나라의 맥을 이어갈 사람!
아무에게도 주목되지 않았습니다.
그러나 모두가 잠을 자고 있을 때
하나님은 당신 나라의 맥을 이어갈 사람을 찾아 가셨답니다.

「하나님의 등불은 아직 꺼지지 아니하였으며... 여호와께서 사무엘을 부르시는지라」(:3-4)

우리가 사는 시대, 어두운 시대...
하나님의 나라의 맥... 끊어지지 않고 있답니다.
주께서 누굴 부르실까요?
당신 나라의 역사와 은혜의 맥을 이어갈 사람으로
누굴 부르실까요?
당신의 이름을 하나님이 부르고 계신다면... ?

교회를 얼마나 오랫동안 다녔느냐 하는 것과
살아있는 생명체냐 하는 것과는

별개의 문제입니다.
교회에서 어떤 직분을 가지고 있느냐 하는 것과
생명체인가 하는 것과도 다른 문제입니다.
살아있는 사람은 하나님께 부름 받는답니다.

성직자의 숫자가 부족한 것이 아닙니다.
사사 시대에는 이미 많은 레위 지파 사람들이
곳곳에서 성직을 수행하고 있었습니다.
그러나 하나님의 음성을 듣는 제사장은 찾아보기 어려웠습니다.
모두가 하나님을 떠나 있었기 때문입니다.

11 3:10~14

그분과의 첫 만남

첫 경험입니다. 그동안 엘리 제사장으로부터만 듣던 하나님, 가끔 어머니가 와서 옷을 입혀주면서 섬겨야 할 하나님에 대하여 말씀해 주셨었습니다. 그 하나님을 기쁘게 해 드리라는 어머니의 말씀, 알고 있었습니다. 참 제사장이 되라는 어머니의 간절한 소원을 알고 있었습니다. 물론 이스라엘을 애굽에서 인도하신 전능하신 하나님에 대하여 듣고 배웠구요. 그분은 축복은 물론 재앙도 주시는 분이라는 것도 들어 알고 있었습니다. 그분이 어머니 한나의 기도를 들으시고 자신을 낳게 하셨다는 소리도 들어 알고 있었습니다. 그래서 사무엘은 어려서부터 그 하나님을 기쁘게 해 드리려고 생각을 많이 했구요. 많이 노력했답니다. 어머니로께서 이야기해 준 자신이 섬길 하나님에 대해서도 무척이나 궁금했구요!

그런데 엘리 제사장께서 하시는 말씀이 다시 한 번 네 이름을 부르는 일이 있다면 그 부르는 분이 여호와 하나님이라는 겁니다! 사무엘은 다시 잠을 이룰 수 없었습니다. 다시 자신의 이름이 불려지지 않을까 하는 초조한 긴장과 기대 때문이었습니다. 내 이름을 부르면 '여호와여 말씀하옵소서 주의 종이 듣겠나이다' 라고 하라고 하신 엘리 제사장의 말씀처럼 연습도 해 보았습니다.

"진짜 내 이름이 다시 불려질까?"

사무엘은 가슴이 뜁니다. 말똥말똥한 정신으로 기다리는데 아무런 소리가 없습니다.

"엘리 제사장께서 잘못 생각하신거야! 잠이나 자자."

그런데도 잠이 오지 않았습니다. 성전 문틈으로 들어오는 차가운 새벽바람에 이불을 끌어 바람과 쌀쌀함을 막아봅니다. 그리고 눈을 감고 잠을 청합니다. 하나님이 혹시 부르실까 하는 설레임을 가지고… '진짜 하나님이 나에게도 말씀하실까?' 오지 않는 잠을 자보려고 노력합니다.

고요하고 조용할 때.

"사무엘아, 사무엘아!"

사무엘은 정신이 번쩍 들었습니다. 아까 세 번이나 들었던 그 음성이었습니다. 똑같습니다. 허둥지둥 일어났습니다. 엘리 제사장의 말대로라면 하나님의 음성입니다. 어쨌거나 지금은 머뭇거릴 때가 아니었습니다. 엘리 제사장이 가르쳐 준대로 대답해야 할 때입니다.

"말씀하옵소서. 종이 듣겠나이다."

긴장과 두려움 가운데 대답은 했습니다만… 소리가 계속 들려 옵니다.

「보라, 내가 이스라엘 중에 한 일을 행하리니 그것을 듣는 자마다 두 귀가 울리리라. 내가 엘리의 집에 대하여 말한 것을 처음부터 끝까지 그 날에 그에게 다 이루리라. 내가 그 집을 영영토록 심판하겠다고 그에게 이른 것은 그의 아는 죄악을 인함이니 이는 그가 자기 아들들이 저주를 자청하되 금하지 아니하였음이니라. 그러므로 내가 엘리의 집에 대하여 맹세하기를 엘리 집의 죄악은 제물이나 예물로나 영영히 속함을 얻지 못하리라」(:11-14)

하나님의 말씀이 희귀한 때
하나님의 말씀을 듣고 있습니다.
하나님의 말씀을 받는 것은
시대의 악함에 따른 문제가 아닙니다.
하나님과 어떤 관계 속에 있느냐 하는 것이 문제입니다.
어두움이 깊으면 깊을수록
작은 빛은 더 잘 발견되기 마련입니다.
죄악이 관영하면 할수록

하나님 음성의 미세한 것까지도
가치 있게 들릴 수 있습니다.
어두운 시대에 살고 있는 우리들
하나님 말씀이 희귀한 시대에 살고 있는 우리들
그 희귀한 말씀을 듣는 희귀한 성도(?)…
존귀한 성도 되세요!

엘리의 죄악은 모르는 죄악이 아닙니다.

「내가 그 집을 영영토록 심판하겠다고 그에게 이른 것은 그의 아는 죄악을 인함이니 이는 그가 자기 아들들이 저주를 자청하되 금하지 아니하였음이니라」(:13)

엘리 제사장 가문에 대한 심판의 메시지는 처음이 아닙니다.
오래 전에 하나님의 사람을 통해 전달되었었습니다.
그러나 엘리 제사장은 전혀 반응을 보이지 않았는가 봅니다.
회개는 물론 뉘우침도 없었는가 봅니다.
그냥 전에 살던 것처럼,
감각 없이 살아 왔는가 봅니다.
그래서 이번엔 하나님이 심판하실 것을 결심하셨네요.
오래 참으시다가 그렇게 결정하신 것이네요!

범죄와 경고에 대한 우리들의 반응은 어떠한지요.
버티기로 힘을 빼고 있지는 않은지요.

주님의 경고는 회개를 기다리는 아버지의 메시지입니다.
미루거나 못들은 체하면 안 됩니다.
즉각 회개해야 합니다.

첫 번째 하나님 경험, 무서운 경험이었습니다. 그러나 하나님의 사무엘에 대한 마음을 보여준 경험이었답니다. 하나님께서 사무엘을 통해 역사를 이어가실 것을 보여주신 거랍니다.

⑫ 3:15~18

어려운 이야기

그날 밤, 잠이 오지 않습니다. 아니 잠을 잘 수가 없었습니다. 아기 때부터 자신을 돌보아 주신 분, 어릴 때부터 부모님처럼 대해 주시던 엘리 제사장에 관한 말씀이었기 때문입니다. 엘리 제사장께서 그의 아들 제사장인 홉니와 비느하스에 대하여 지나칠 정도로 사랑한다고 생각했습니다만 자기 자식이니 그렇겠지 했는데... 하나님의 말씀이 너무나도 끔찍했기 때문입니다. 정신이 말똥말똥해서 잠을 잘 수가 없었구요, 무엇보다 아침에 일어나서는 어떻게 엘리 제사장을 만나야 하는지 걱정이었습니다.

새벽까지 잠을 설쳤습니다. 아침 해가 뜨기 시작했습니다. 성전 문을 열어야 합니다. 분명 밤새 잠을 설쳤는데도 졸립지 않았습니다. 밤중에 들은 하나님의 목소리 때문이었죠. 엘리 제사장을 만날 것이 부담스러웠습니다. 만났을 때 아무런 말이 없으면 몰라도 혹 밤에 무슨 일이 있었느냐고 묻기라도 한다면 무슨 말이든 해야 하기 때문이었습니다. 그래서 아침부터 엘리 제사장을 피해 다니곤 했답니다.

「사무엘이 아침까지 누웠다가 여호와의 집 문을 열었으나 그 이상을 엘리에게 알게 하기를 두려워하더니」(:15)

여느 때 같으면 벌써 여러 번 만났을 사무엘인데 오늘은 하루 종일 보이지 않는 겁니다. 느낌이 이상했습니다. 노련한 엘리 제사장은 사무엘이 밤새 하나님의 음성을 들었다고 생각했습니다. 그래서 사무엘을 불렀습니다. 엘리 제사장께서 부르는 소리에 얼마나 놀랐는지요...

「엘리가 사무엘을 불러 가로되 내 아들 사무엘아 하니 대답하되 내가 여기 있나이다」(:16)

엘리 제사장은 사무엘에게 물었습니다. 밤새 하나님의 음성을 들었냐고 묻는 게 아니었습니다. 마치 하나님의 음성을 들었다는 것은 이미 알고 있다는 듯 그 내용을 묻는 것이었습니다. 사무엘은 어찌해야 하는지... 마음이 편치 않았습니다.

「가로되 네게 무엇을 말씀하셨느냐 청하노니 내게 숨기지 말라 네게 말씀하신 모든 것을 하나라도 숨기면 하나님이 네게 벌을 내리시고 또 내리시기를 원하노라」(:17)

사무엘, 두렵지만 밤에 들은 말씀들을 그대로 이야기했답니다. 엘리 제사장 집안이 저주받아 망할 것에 대한 말씀들을 말했습니다. 엘리 제사장은 몸이 떨리고 있었습니다만 사무엘의 이야기를 다 듣더니 혼자 중얼거렸습니다.

"여호와께서 작정하신 대로 되겠지…"

긴 한숨을 내쉬었습니다.

「사무엘이 세세히 말하고 조금도 숨기지 아니하니 그가 가로되 이는 여호와시니 선하신 소견대로 하실 것이니라 하니라」(:18)

사무엘의 말이 설교라면
심판에 관한 설교일텐데요…
심판에 관한 설교… 중요한 설교입니다.
심판에 관한 설교… 협박이 아닙니다.
끔찍한 저주를 피할 수 있도록 하는
또 한번의 은혜요 기회입니다.
설교자는 이 말을 하기가 무척이나 싫습니다.
성도들조차 심판에 관한 설교 듣기를
거북해 하는 것은 물론이요

설교자 자신도 심판의 대상임을 스스로가 알기 때문입니다.

그러나 설교자는 자신에게 저촉되는 말을

피해가면서 하면 안 됩니다.

그리고 청중들의 귀에 부담이 가지 않는 말만

골라서 하면 안 됩니다.

가장 중요한 설교는 성도로 하여금

죄를 깨닫게 하고

그 죄로부터 돌이키게 하는 것입니다.

하나님의 사랑과 은혜를 전하는 것이지요!

⓭ 3:19~4:1상

익어가는 사무엘의 영성

사무엘, 몸집이 커지면서 마음도 커졌습니다. 마음이 커지면서 그의 영성도 풍부해지고 있었답니다. 하나님께서 그의 몸도 마음도 영혼도 붙잡고 계셨던 것이랍니다. 그래서 그런지 백성들은 사무엘을 좋아했고 사무엘이 하는 말에 신뢰를 두었답니다. 그가 하는 말은 하나도 버릴 것이 없었습니다.

「사무엘이 자라매 여호와께서 그와 함께 계셔서 그 말로 하나도 땅에 떨어지지 않게 하시니(:19)

말에 실수가 없으면…

사람들이 존경한답니다. 사람들이 두려워한답니다.

실제로 하나님께서 사무엘과 함께 하셔서 그렇기도 했겠지만

그의 언어생활이

그를 권위 있는 사람으로 인정받게 만들었습니다.

「단에서부터 브엘세바까지의 온 이스라엘이 사무엘은
여호와의 선지자로 세우심을 입은 줄을 알았더라」(:20)

「우리가 다 실수가 많으니
만일 말에 실수가 없는 자면 곧 온전한 사람이라」(약 3:2)

사람들은 사무엘을 좋아했습니다. 그를 하나님의 사람이라고 서로들 이야기했답니다. 홉니와 비느하스와 다른 것은 물론이고 여느 제사장과는 달랐습니다. 사무엘은 착하고 겸손했습니다. 그러나 하나님의 말씀 전할 때는 한 치의 양보도 없었습니다. 그에게서는 침범할 수 없는 영적인 권위가 흘러나왔습니다. 그에 관한 소문은 이스라엘 구석구석으로 퍼져나갔답니다.

「단에서부터 브엘세바까지의 온 이스라엘이 사무엘은 여호와의 선지자로 세우심을 입은 줄을 알았더라」(:20)

엉망으로 된 시대이기에

사람들은 신실한 사람을 그리워합니다.

무질서한 세계이기에

정직하고 깨끗한 사람을 기다립니다.

혼란스러운 세상이기에
단순한 사람을 찾는답니다.
아니 그런 세상이기에 신실한 하나님의 사람이
더 잘 보이는 거랍니다.
우리들, 조금만 더 주께로 가시자구요.
조금만 더 영성 깊은 사람으로 가다듬자구요.
그러면 하나님은 물론 사람들까지도 존경한답니다.

언제부터인가… 하나님의 음성이 들리기 시작했습니다. 아니 하나님의 음성임을 구분할 수 있게 되었습니다. 그 음성만 들으면 하나님인줄 알 수 있었습니다. 사무엘의 행복이었습니다.

「…여호와께서 실로에서 여호와의 말씀으로 사무엘에게 자기를 나타내시니」(:21하)

하나님은 꿈으로 자신을 보이시기도 합니다.
환상을 통하여 자신을 보이시기도 합니다.
평범한 인간 세계에서 일어날 수 없는 기이한 일로
자신을 보이시기도 합니다.
그러나 사무엘에게는 말씀으로 자신을 나타내셨습니다.
하나님의 말씀은 사무엘을 강하게 만들었습니다.
말씀을 통하여 하나님을 경험하는 사무엘은
하나님의 뜻을 전하는 사람이 됩니다.

그의 메시지는 날카로운 칼날과 같습니다.
주님의 음성 듣는 여러 가지 방법이 있겠지요.
그러나 가장 힘있는 방법은
말씀이랍니다.

사무엘이 사람들에게 가르치는 말씀들이
입에서 입으로 전해졌습니다.
그가 하는 말들은 보석 같았습니다.
그 보석들을 사람들은 이웃에게, 친구에게, 전했습니다.
그래서 온 이스라엘 구석까지 그의 말이 전파되었답니다.

「사무엘의 말이 온 이스라엘에 전파되니라」(4:1상)

⓮ 4:1하~4

블레셋과의 전투

사무엘에 관한 소문을 듣는 사람마다 그에 대한 이미지를 만들었습니다. 반면에 이스라엘 가운데 또 다른 소문이 퍼지고 있었는데 그것은 삼손에 관한 일이었습니다. 이스라엘 서쪽 사람들은 블레셋의 못된 노략에도 불구하고 저들과는 잘 지내고 있었습니다. 그 이유는 블레셋 사람들의 비위를 맞춰주면서 살아야 평안하기 때문에 그런 건지 아니면 블레셋 사람들의 삶이 좋아서 그런 건지 알 수는 없었습니다만 어쨌든지 간에 아주 잘 지내고 있었습니다.

그런데 단 지파 사람 가운데서 삼손이라는 장수가 나와 서쪽 사람들을 괴롭히던 블레셋 사람들을 뒤집어 놓기도 하고 골탕을 먹이기도 한다는 영웅담이 퍼지고 있었습니다. 삼손 이야기는 혼란한 이스라엘 사람들에게 무척이나 흥미 있는 뉴스였답니다. 이 삼손의 블레셋에 대한 보복의 이야기는 결국 블레셋과의 관계가 아주 심각하게 나빠지고 있음을 의미했습니다. 사람들은 삼손의 블레셋 사람들에 대한 보복으로 통쾌하기는 했습니다만 블레셋의 공격이 예전처럼 자그마한 공격이 아니라 이젠 국가적인 전쟁 감정으로 커지고 있는 것을 우려하고 있었던 겁니다. 정말 그랬습니다. 블레셋과의 관계가 심상치 않았습니다. 블레셋에서는 삼손에 대한 공개적인 체포 내지는 살해를 꾀하고 있었고 현상금까지 걸고 있었습니다. 이스라엘 사람들의 블레셋으로의 여행이 거의 불가능할 정도였습니다. 그러더니 결국은 삼손으로 인해 블레셋과의 관계가 완전히 깨진 겁니다. 삼손이 블레셋 사람들에게 체포 된 겁니다. 그로 인해 온 이스라엘이 긴장했습니다. 블레셋의 횡포가 심해질 것이 뻔했기 때문입니다. 삼손이 눈이 뽑혀 연자 맷돌을 돌리고 있다는 소문도 돌기 시작했습니다. 얼마 후엔 블레셋의 다곤 신전에서의 축제 때 삼손이 기둥을 무너뜨리면서 신전 안에 모인 사람들 수천 명을 죽게 하고 자신도 죽었다는 소문이 퍼졌습니다. 소문은 사실이었습니다.

실로 성전에서 엘리 제사장도 이 소식을 들었습니다. 홉니와 비느하스 제사장 그리고 사무엘도 이 소식을 들었습니다. 그 후론 이스라엘과 블레셋 사람들은 원수처럼 지내고 있었답니다. 이스라엘은 그렇지 않았지만 블레셋은 이스라엘에 대한 감정이 무척이나 나빠 틈만 나면 쳐들어 와서 못된 짓을 하곤 했지요. 이스라엘 사람들은 미칠 것 같았습니다.

블레셋이 이스라엘을 또 공격했습니다. 사람들은 삼손과 같은 영웅을 기다렸지만 그런 영웅은 나타나지 않았습니다. 그래서 블레셋과 싸우기 위해 모든 남자들이 나서야 했답니다. 블레셋이 쳐들어 왔습니다. 에브라임 땅 북쪽 아벡이라는 곳에까지 왔답니다. 이스라엘 사람들은 졸지에 사람들을 모아 블레셋 군사들이 집결해 있는 아벡 위 에벤에셀이라는 곳에 진영을 꾸몄습니다. 블레셋의 침입을 막기 위해서 모이는 이스라엘 남자들 중에는 엘리 제사장의 두 아들 홉니와 비느하스도 있었습니다. 이들은 신앙 지도자로 참여한 겁니다. 전쟁을 위해 모인 사람들에게 하나님이 함께 한다는 말로 자신감을 주기 위해... 사람들은 에봇을 입고 이 전쟁은 여호와를 위한 전쟁이라는 말을 하는 홉니와 비느하스의 설교를 듣고 용기를 내었답니다.

그런데 전쟁은 생각보다 쉽지 않았습니다. 하나님의 도우심으로 쉽게 이길 줄 알았는데 오히려 이스라엘이 밀리는 겁니다. 아니 밀리는 정도가 아니라 터무니없이 쫓기고 있습니다. 피해 상황과 전사자들이 보고되었습니다. 확인하여 보고된 인원만 해도 4천 명이랍니다. 적지 않은 피해였습니다.

「이스라엘은 나가서 블레셋 사람과 싸우려고 에벤에셀 곁에 진치고 블레셋 사람은 아벡에 진 쳤더니 이스라엘을 대하여 항오를 벌이니라 그 둘이 싸우다 가 이스라엘이 블레셋 사람 앞에서 패하여 그들에게 전쟁에서 죽임을 당한 군사가 사천 명 가량이라」(:1하-2)

낙심하는 이스라엘 앞에 한 사람이 나서서 큰 소리로 부르짖었습니다.

"우리가 패한 이유가 무엇인가? 하나님의 백성인 우리가 우상을 섬기는 블레셋 놈들에게 이렇게 비참하게 패할 수 있단 말인가!"

그러더니 옆에 거룩한 에봇을 입고 있는 홉니와 비느하스를 보면서 이야기했습니다.

"여호와의 언약궤를 가져오시오! 언약궤를 가지고 전쟁에 나갑시다! 전에 우리 조상들이 여리고 성을 무너뜨릴 때도 언약궤를 앞세우지 않았습니까! 이번에도 여호와의 원수 블레셋을 물리치기 위해 언약궤를 앞세웁시다! 여호와의 언약궤가 우리를 구원해 줄 겁니다!"

「백성이 진으로 돌아오매 이스라엘 장로들이 가로되 여호와께서 어찌하여 우리로 오늘 블레셋 사람 앞에 패하게 하셨는고 여호와의 언약궤를 실로에서 우리에게로 가져다가 우리 중에 있게 하여 그것으로 우리를 우리 원수들의 손에서 구원하게 하자 하니」(:3)

제멋대로의 해석입니다.
하기야 이 시대에는 자기 소견대로 하는 시대였으니까요.
전쟁의 패배 원인은 언약궤가 없었기 때문이 아니라

이스라엘의 죄악 때문이었습니다.
이스라엘이 여리고 성을 무너뜨린 것은
언약궤를 앞세웠기 때문이 아니라
하나님의 말씀에 순종했기 때문임을 알아야 합니다.

우리는 종종 이런 엉뚱한 신앙적 해석과
행위를 할 때가 있습니다.
자동차 사고를 방지하기 위해 성경책을 차에 둔다든지…
성경책은 읽는 것이지 두고 다니는 것이 아닙니다.
물고기 그림을 부적처럼 지갑에 넣고 다닌다든지…
이런 태도는 기독교 신앙이 아니라
기독교를 빙자한 미신에 불과합니다.

이스라엘 사람들은 여호와 종교의 깊이를 알지 못하고
우상 종교와 같은 방식으로 행동하고 있습니다.
언약궤 자체에 무슨 신비한 힘이 있는 줄로 아는 것이지요!!

사람들이 소리질렀습니다.

"옳소! 언약궤를 가져 오시오. 실로에 가서 언약궤를 가지고 오시오!"

홉니와 비느하스는 당황스러웠습니다. 언약궤는 함부로 움직일 수 있는 것이 아님을 알기 때문이었습니다. 아무리 타락한 제사장으로 살아왔지만 언약궤 문제만은 함부로 할 자신이 없었습니다. 잘못하면 죽거든요! 그러나 군사들의 소리는 더 커졌습니다.

"홉니 제사장, 비느하스 제사장! 당신들이 실로 성전의 제사장들 아니요! 속히 가서 언약궤를 가지고 오시오!"

홉니와 비느하스가 실로 성전으로 황급히 왔습니다. 사무엘이 이들에게 인사를 했습니다만 무엇이 그리 급한지... 언약궤 있는 곳으로 갑니다. 사무엘이 엘리 제사장께 고했습니다. 홉니와 비느하스 제사장께서 전장에서 돌아오셨다고. 그런데 엘리 제사장에게 오지 않고 언약궤 쪽으로 갔다고 했습니다. 엘리 제사장이 홉니와 비느하스를 불러 오랍니다. 엘리 제사장 앞에서 홉니와 비느하스가 급히 말했습니다.

"아버님, 우리가 블레셋 사람들에게 패했습니다. 적어도 4,000명의 사람들이 죽었고 다친 사람은 이루 말할 수 없습니다. 지금 대책을 세우지 않으면 우린 모두 전멸입니다. 그래서 하나님의 도우심을 구하기 위해 언약궤를 전장으로 가지고 나가려 합니다."

엘리 제사장은 깜짝 놀랐습니다. 그럴 수 없다는 겁니다. 그러나 홉니와 비느하스는 막무가내였습니다. 결국 아들들이 이겼답니다. 그래서 그들은 언약궤를 메고 나갔습니다.

「이에 백성이 실로에 보내어 그룹 사이에 계신 만군의 여호와의 언약궤를 거기서 가져 왔고 엘리의 두 아들 홉니와 비느하스는 하나님의 언약궤와 함께 거기 있었더라」(:4)

⓯ 4:5~11

광풍의 시작

홉니와 비느하스, 언약궤를 가지고 전장에 갔습니다. 전장의 이스라엘 사람들은 갑자기 소리를 지르기 시작했습니다. 언약궤… 하나님의 임재를 상징하는 언약궤가 이스라엘 진영으로 들어오기 때문이었습니다. 그 소리가 얼마나 컸는지…

「여호와의 언약궤가 진에 들어 올 때에 온 이스라엘이 큰 소리로 외치매 땅이 울린지라」(:5)

조용하던 이스라엘 진영에서의 함성으로 인해 블레셋이 얼마나 놀랐는지요. 블레셋 사람들이 우왕좌왕하기 시작했습니다. 무슨 일인가 하는 의구심 때문이었습니다. 그러나 이내 이스라엘의 신 여호와의 궤가 전장에 나타난 것을 깨달았습니다.

블레셋 사람들이 서로를 보며 이야기하기 시작했습니다. 그 궤에 대해서 말입니다. 이미 오래 전부터 언약궤의 능력에 대해서 많이 들어 왔거든요. 블레셋 사람들 진영에 두려움이 스며들기 시작했습니다. 자신들이 이스라엘의 신(神)과 싸워야 한다는 부담 때문이었습니다. 누군가가 소리를 질렀습니다.

"기왕 이렇게 된 것... 죽기 아니면 까무러칠 각오로 이스라엘 놈들과 싸우자!"

블레셋 군사들이 동의를 하듯 소리를 질렀습니다.

"애굽을 물리친 신(神)과 싸우자! 한판 붙어 보자!"

무서운 결심들이었습니다.

「너희 블레셋 사람들아 강하게 되며 대장부가 되어라 너희가 히브리 사람의 종이 되기를 그들이 너희의 종이 되었던 것 같이 말고 대장부 같이 되어 싸우라」(:9)

양 군사들은 서로 승리를 장담하듯 소리를 지르며 나아가고 있었습니다. 블레셋 군사들은 창과 칼 그리고 방패를 가지고 힘차게 앞을 행해 나가고 있었습니다. 그러나 이스라엘은 달랐습니다. 함성은 블레셋에 못지 않았습니다만 저들의 앞에는 홉니와 비느하스가 멘 언약궤가 가고 있을 뿐이었습니다. 이스라엘 사람들은 조금 있으면 블레셋 사람들이 갑자기 쓰러지고 도망할 것을 기대하고 있었던 것이랍니다. 홉니와 비느하스도 그걸 기대했는지는 몰라도...

블레셋 군사들과 홉니와 비느하스가 멘 언약궤가 맞닿을 거리에 왔을 때입니다. 블레셋 군사들은 혹시 어떤 이상한 일이 일어날까 하여 지금까지 보다 더 악을 쓰면서 용기를 내어 달려들었습니다. 그런데 이스라엘 사람들도 블레셋 사람들도 하나님이 뭔가를 하실 줄 기대했는데 아무런 일도 없는 겁니다. 언약궤가 무슨 일을 일으킬 줄 알았는데... 아니 오히려 성이 난 블레셋 사람들의 창끝과 칼끝만이 더 날카로웠을 뿐입니다.

블레셋의 칼은 얼마나 힘이 있던지 언약궤를 가지고 맨 앞으로 갔던 홉니와 비느하스는 그 자리에서 즉사(卽死)하였답니다. 언약궤는 나뒹굴어졌구요... 요행만을 기다리면서 아무런 무기도 제대로 준비하지 못했던 이스라엘 군사들 역시 블레셋의 군사들에 의해 처참하게 죽어갔답니다. 오히려 블레셋 사람들은 지난번보다 더 쉬운 싸움을 하게 된 겁니다.

이스라엘 사람들 비참했습니다. 줄행랑을 치기 바빴습니다. 그날 죽은 사람들, 언약궤 믿고 전쟁에 임했던 사람들, 30,000명이었답니다.

「블레셋 사람이 쳤더니 이스라엘이 패하여 각기 장막으로 도망하였고 살륙이 심히 커서 이스라엘 보병의 엎드러진 자가 삼만이었으며 하나님의 궤는 빼앗겼고 엘리의 두 아들 홉니와 비느하스는 죽임을 당하였더라」(:10-11)

언약궤가 없을 때는
4,000명의 목숨만을 빼앗겼었습니다(:2).
언약궤를 가지고 가서는
30,000명의 목숨을 잃고 말았습니다(:10).

언약궤는 인간이 하나님과의 관계가 바로 되어 있을 때
하나님이 누군지를 나타내는 상징물입니다.
그러나 하나님과의 관계가 깨져 있을 때 언약궤는
한갓 상자에 불과합니다.

이런 말입니다.
성경은 성도가 하나님과 관계가 바로 되어 있을 때
생명력입니다.
하나님과의 관계가 깨진 사람은 성경을 읽는다 하더라도
하나님의 음성이 들려지지 않는 것이고
하나님의 음성을 들을 수가 없습니다.

하나님의 백성이 왜 패했나요?
하나님이 무력해서 그런 것이 아닙니다.
패배 속에는 하나님의 신비한 뜻이 있습니다.
우리의 잘못을 알려 주시기 위한 하나님의 음성입니다.
자기 백성으로부터 배신을 당한 것으로 인한
하나님의 질투하심의 표현입니다.

⑯ 4:12~18

광풍의 한가운데 있는 엘리 제사장

98세의 노인 엘리 제사장, 홉니와 비느하스로 하여금 언약궤를 가지고 가도록 허락하긴 했지만 불안했습니다. 왜 불안한지 꼬집어서 말할 순 없지만 여러 가지 불안의 혼란에 휩싸이고 있었습니다. 그 불안 속에는 자신이 하지 말았어야 할 일을 한 것 같다는 생각도 포함되었답니다.

「...그 마음이 여호와의 궤로 인하여 떨릴 즈음이라...」(:13중)

엘리는 아직 살아 있습니다.

그리고 아직도 하나님의 사랑의 소리를 듣고 있습니다.

양심 속에 전해지는 소리입니다.

회개를 마지막으로 기다리는 하나님의 사랑의 메시지입니다.

그러나 엘리는 두려워하고 불안해하고 있을 뿐

하나님 앞에 항복하지 않습니다.

하나님 앞에서의 항복!

우리가 해야 할 최우선의 일입니다.

회개!

이 세상 어떤 것으로 대치될 수 없는

자신의 생명을 위한 행위입니다.

형제여!

그만 버티십시오!

지금 하나님의 소리가 마음을 흔들 때

무릎을 꿇으셔야 합니다.

그래야 살 수 있습니다!

엘리여!

삼손처럼 힘이 다 빠진 상태인가요?

말하기도 어려운 나이… 98세임을 알고 있습니다.

그러나

한 번만 일어나십시오.

그리고 평생 섬겨 온 하나님께 한 마디만 하십시오.

"잘못했다고!"

아버지 하나님은

당신의 그 고백을 기다리고 있으십니다.

엘리 제사장이 초조해하고 있을 때 어떤 젊은이가 허겁지겁 달려왔습니다. 옷이 찢겨져 있었습니다. 그리고 땅의 흙을 집어 머리에 뿌린 채로 실로 성읍으로 달려오는 겁니다. 아벡 전투장에서 달려온 사람임이 틀림없었습니다. 그가 달려오는 것을 본 실로 사람들은 웅성거렸습니다. 전쟁의 결과가 궁금했기 때문입니다. 하나님의 언약궤까지 가지고 나간 전쟁이니 더욱 궁금했지요. 사람들이 그 사람을 따라가며 물었습니다.

"여보게! 전쟁이 어떻게 된 거야?"

"완전히 패했어. 언약궤도 빼앗기고 나만 간신히 살아 온 거야! 얼마나 많이 죽었는지 몰라. 완전히 피 바다였다구!"

그의 말투는 베냐민 억양이었습니다. 베냐민 사람의 보고를 들은 백성들은 그를 따라가면서 소리를 질렀습니다. 아우성과 통곡이었습니다.

엘리 제사장은 실로 성전에 가까웠을 때 백성들의 소리를 들었습니다. 가뜩이나 언약궤 때문에 심기가 편치 않은데 백성들까지 소리를 지르니 더욱 불안했습니다.

'혹 승리의 개선가는 아닐까? 하나님의 언약궤가 나갔는데...'

한 가닥 기대하는 마음이었습니다. 그때 베냐민 사람을 본 겁니다. 엘리 제사장의 마음이 싸늘해졌습니다. 그의 모습만 봐도 전쟁이 어떻게 되어 가고 있는지를 짐작하는 것은 어렵지 않았기 때문입니다.

전장에서 나온 사람은 엘리 제사장 앞에 와서 무릎을 꿇었습니다. 노환으로 인해 사람을 제대로 볼 수 없는 엘리 제사장, 마음은 급했지만 말도 빨리 할 수 없는 노인… 손도 떨렸고… 온 몸이 떨리고 있었습니다. 입안은 바짝 말라 타고 있었습니다.

"제사장 어른!"

그의 목소리는 패전임을 알린다는 소리였습니다.

"저는 싸움터에서 도망 나온 사람입니다."

엘리는 속이 탔습니다. 전쟁의 승패를 빨리 알고 싶었던 겁니다. 그런데 결과를 보고하려는 사람은 통곡하며 눈물만 흘리고 있을 뿐… 늙은 엘리 제사장이 물었습니다.

"이 놈아, 전쟁은 어떻게 된 거여?"

"이스라엘이 완전히 패했습니다. 우리 군사들 수만 명이 죽었어요. 언약궤를 메고 앞에 가시던 홉니 제사장도 비느하스 제사장도 그 자리에서 죽었습니다. 하나님의 언약궤를 빼앗긴 거는 말할 것도 없구요!"

「그 사람이 엘리에게 고하되 나는 진중에서 나온 자라 내가 오늘 진중에서 도망하여 왔나이다 엘리가 가로되 내 아들아 일이 어찌 되었느냐 소식을 전하는 자가 대답하여 가로되 이스라엘이 블레셋 사람 앞에서 도망하였고 백성 중에는 큰 살륙이 있었고 당신의 두 아들 홉니와 비느하스도 죽임을 당하였고 하나님의 궤는 빼앗겼나이다」(:16-17)

의자에 앉아 있던 노인 제사장 엘리는 전쟁의 패전 소식과 언약궤를 빼앗겼다는 소리를 듣자 머리에 충격이 왔습니다. 몸을 스스로 움직일 수 없었습니다. 그러더니 앉았던 의자에서 쓰러진 겁니다. 쓰러져서는 목이 부러졌습니다. 그의 몸이 너무 뚱뚱해서 목뼈가 견뎌주지 못하고 부러진 겁니다. 그가 사사로 제사장으로 위임받은 지 사십 년째 되는 해였습니다.

「하나님의 궤를 말할 때에 엘리가 자기 의자에서 자빠져 문 곁에서 목이 부러져 죽었으니 나이 많고 비둔한 연고라 그가 이스라엘 사사가 된지 사십 년이었더라」(:18)

98년 인생의 마지막에
감사의 말도 못하고 죽음을 맞이합니다.
하나님께 대한 사랑의 고백도 못하고 눈을 감아야 합니다.
하나님께 미안한 마음으로 죽음을 맞이해야 합니다.
자신의 직무를 잘못한 것을 인정하며
죽음으로 들어가야 합니다.
엘리 제사장, 잘못했습니다.
그러나 그는 더 기회의 시간이 있는 줄로 알았는지…
그러나…
그에게는 기회가 더 이상 준비되지 않았습니다.
자신이 생각하지도 않은 때에
하나님과 해결해야 하는 말들이 있는데… 하지도 못하고
그냥 숨을 거두어야 했습니다.

우리는 지금 무엇을 해야 하나요?
하나님이 주신 기회의 때에
아쉬움... 남겨두지 않아야 합니다.

사사이자 제사장인 엘리는
특별한 잘못이 나타나지 않습니다.
그는 평범한 사사, 제사장 중의 하나였습니다.
남들이 하는 것처럼 성실하게 자신의 일을 했습니다.
그러나 그는 하나님의 마음을 아프게 했습니다.
정확하지 않은 처리들입니다.
사람들은 그를 착한 사람이라고 했을 것입니다.
아들들에게도 그런 아버지였습니다.
자식들의 마음을 서운하게 하지 않는
너그러운(?) 아버지였습니다.
그런데 그런 것이 엘리의 잘못이었답니다.
죄악까지도 너그럽게 웃어넘기는 풍부한(?) 사람인 것이
'해서는 안 되는 삶'의 태도였습니다.

⓱ 4:19~22

광풍에 무너진 가문

한 여인이 행복한 시간을 보내고 있었습니다. 그녀는 명망 높은 제사장의 집안에 며느리로 들어 온 것이 행복했고 사람들도 축하해 주었습니다. 남편은 시아버지 엘리 제사장의 뒤를 이어 언약궤를 지키며 중앙 성소 실로를 책임질 이스라엘의 영적인 지도자가 될 미래가 보장된 비느하스라는 사람이었습니다.

결혼 후 또 다른 행복한 일이 생겼습니다. 아기 소식입니다. 좋은 가문의 며느리로서 미래가 총망 되는 남편, 그리고 그와의 사이에서 임신… 가끔 남편 비느하스는 질 좋은 고기를 가지고 들어와서 맛있는 요리를 해

줍니다. 그것이 그녀의 행복이었습니다. 이따금 전쟁 소식이 있었습니다만 그 때마다 품위를 유지하며 교양있게 기도하는 것도 그녀의 삶에 있어서 하나의 '멋' 이었습니다(오래 전 한나와 같은 수준, 천박하고 낮은 기도는 하지 않겠다고 결심했었죠!).

만삭(滿朔)일 때 블레셋과의 전쟁 소식이 들려왔습니다. 남편 비느하스도 제사장으로서 전장에 나가야 한답니다. 아기가 나올 때쯤 옆에서 자신을 지켜봐주기를 기대했지만 전쟁에서 승리하고 건강하게 돌아오기를 기대할 뿐입니다.

드디어 진통이 왔습니다. 사람들은 아기를 받을 준비로 분주합니다. 아기를 낳을 여인은 남편이 자신의 곁에 있어주기를 바랐습니다. 그런데 마침 전쟁터에서 사람이 돌아왔다는 소식을 들었습니다. 여인은 아기를 낳는 그 고통 중에도 밖에서 들려오는 백성들의 시끄러운 소리가 승리의 환호임을 의심하지 않았습니다. 언약궤까지 갖고 나간 전쟁이었거든요. 아기를 낳으려고 하는데 밖에서 여인이 들어왔습니다. 그녀에게 물었습니다.

"전쟁이 승리로 끝났다는 보고(報告)죠?"

"그게 아니랍니다, 사모님."

아니랍니다. 여인은 놀랐습니다.

"그럼?"

"하나님의 궤를 빼앗겼답니다."

충격 받았습니다. 놀란 그녀는 다시 허둥지둥 물었습니다.

"그러면 비느하스 어른께서는?"

"전… 사… 하… 셨답니다!"

여인은 냉정하게 대답했습니다. 비느하스의 아내는 어떻게 해야 할지 몰랐습니다. 남편이 죽었다는 소리를 듣고도 자리에서 일어날 수 없었습니다. 자신의 일생에 부와 존경과 멋을 가져다 줄 언약궤를 빼앗겼다는 소식과 자신의 일생을 행복하게 해 줄 사람이던 비느하스가 죽었다는 소식은 그녀에게 감당할 수 없는 충격과 놀람이었습니다.

고통스러운 진통이 계속되다가 마침내 아이를 해산했답니다. 아들이었습니다. 그러나 그녀는 반갑지도 행복하지도 않았답니다. 아니 허탈하고 절망스러웠습니다. 아들을 낳았다는 조산원들의 축하 인사말도 들리지 않습니다. 그녀는 앞으로 펼쳐질 자신의 앞날을 보고 있었습니다. 그러고는 아들의 이름을 "이가봇!"이라고 짓습니다. '영광이 이스라엘에서 떠났다' 라고 말입니다. 적어도 그녀에게서 하나님의 영광이 떠났다는 것입니다. 그러다가 그녀도 죽었답니다.

「죽어갈 때에 곁에 섰던 여인들이 그에게 이르되 두려워 말라 네가 아들을 낳았다 하되 그가 대답지도 아니하며 관념치도 아니하고 이르기를 영광이 이스라엘에서 떠났다 하고 아이 이름을 이가봇 이라 하였으니 하나님의 궤가 빼앗겼고 그 시부와 남편이 죽었음을 인함이며 또 이르기를 하나님의 궤를 빼앗겼으므로 영광이 이스라엘에서 떠났다 하였더라」(:20-22)

쓰러진 가문…
아니 썩은 그루터기 하나를 남겨두고
무너진 가문이 되었습니다.
남들이 얻을 수 없는 축복된 가문에서 출발하여…
처음부터 받은 축복인데…
처음부터 존경은 물론 풍요를 누리면서 살던 가문인데
쓰러진 겁니다.
썩은 그루터기를 남겼지만
그것조차도 완전히 사라질
비참한 약속을 받고 무너진 겁니다.
죄악이 그렇게 만들었습니다.

「적은 누룩이 온 덩어리에 퍼지는 것을 알지 못하느냐」(고전 5:6하)

이스라엘에서 하나님의 영광이 떠났답니다.
비느하스의 아내의 말입니다.
아닙니다!
이스라엘에서 하나님의 영광이 떠난 것이 아니라
엘리 제사장 집안의 부귀영화가 떠난 것이겠죠.
중심을 잡아야 할 집안이

중심을 잃어 버렸기 때문에

하나님께서 이스라엘을 바로 잡기 위해

잘못된 가문을 무너뜨리시는 겁니다.

하나님의 영광이 떠난 것이 아니라

하나님 나라의 맥이 다시 연결되고 있는 거랍니다.

은혜입니다!

〉〉 두 번째 이야기 5-6장

스스로 움직이는 언약궤

블레셋의 종교 지도자들은 계속해서 말했습니다. 새 수레를 하나 만들랍니다. 그리고 그 수레를 멍에를 메어 보지 않은 소로 하여금 끌게 하라는 겁니다. 그 소는 얼마 전에 새끼를 낳은... 그래서 새끼에게 젖을 먹이고 있는 암소이어야 한답니다. 송아지와 어미 소를 함께 데리고 왔다가... 어미 소는 수레를 메게 만들고... 송아지는 집으로 돌려보내랍니다. 어미 소가 멘 수레 위에 언약궤를 싣고 제물로 드릴 다섯 개의 금 독종과 금 쥐는 상자에 따로 담아 수레 옆에 두랍니다. 그리고 수레 모는 사람 없이... 이스라엘 땅 벧세메스로 가게 하랍니다... 만일 벧세메스로 가면 지금까지 블레셋 땅에 임한 재앙이 여호와로부터 온 재앙임을 믿어야 하는 것이고 그렇지 않다면 지금까지의 재앙은 우연이었다고 생각하면 된다는 거였습니다. 블레셋의 관리 한사람이 마을 속으로 들어갔습니다. 송아지에게 젖을 먹이고 있는 소 두 마리를 구하기 위해서였습니다. 이 집 저 집 기웃거렸습니다. 젖 먹이고 젖 먹는 송아지가

❶ 5:1~12
기이한 일들, 언약궤 사건

신(神)을 잡았습니다. 애굽의 신들을 무색하게 만들고 바다뿐만 아니라 넘치는 강물까지도 멈추게 했다는 여호와라고 하는 이스라엘의 신(神), 하늘에 구름기둥과 불기둥을 세운 그 신(神) 을 잡았습니다.

블레셋 사람들은 전쟁터에 넘어져 있는 언약궤를 가지고 다곤 신전이 있는 아스돗으로 갔습니다. 자신들의 신(神) 다곤에게 이스라엘 신(神) 여호와를 가져다 바친다는 의미로 신전에 언약궤를 넣어 두었답니다. 그것도 다곤 신상 옆에 두었지요. 블레셋 사람들은 무척이나 기분이 좋았습니다. 전쟁에서 이긴 것보다 이스라엘의 신(神)을 잡아 다곤 신전에 바쳤다는 것 때문이었죠.

「블레셋 사람이 하나님의 궤를 빼앗아 가지고 에벤에셀에서부터 아스돗에 이르니라 블레셋 사람이 하나님의 궤를 가지고 다곤의 당에 들어가서 다곤의 곁에 두었더니」(:1-2)

블레셋 사람들은 자신들의 생각으로
신을 만들어 섬겼습니다.
자신들의 좋은 손재주로
형상을 만들어 신이라고 이름 붙이고 섬겼습니다.
생명체가 아닌 것을 신이라고 하면서 모시는 겁니다.
아무런 능력이 없다는 걸 알면서 그런 일을 하는 것이지요.
이것이 타락한 인간의 지혜입니다.
하나님은 우리가 만든 신이 아닙니다.
하나님은 우리를 만드신 신이십니다.
우린 우리를 만드신 하나님을 섬기는 겁니다.
이것이 기독교 신앙입니다.
하나님은 창조주이심을 잊지 마십시오!

블레셋 사람들은, 특히 다곤 신전의 사제들은 잠을 잘 수가 없었습니다. 여호와라는 이스라엘의 신이 자신들의 신 앞에 무릎을 꿇었기 때문이었습니다. 흥분된 마음으로 이른 아침 다곤 신전의 문을 열었습니다. 자랑스럽고 뿌듯한 마음으로...

사제는 매우 놀랐습니다. 우뚝 서 있었던 다곤 신상이 언약궤 옆에 내동댕이 쳐져 있었기 때문입니다. 다곤 신상의 얼굴이 땅에 닿은 채로 꼬꾸라져 있는 겁니다. 사제는 쓰러진 다곤 신상이 있는 곳으로 황급히 다가갔습니다. 신상을 일으켜 세우기 위해서였습니다. 그 무게는 만만치 않았습니다. 사제는 신상을 일으켜 세우고는 정중히 다곤 우상 앞에 절을 하더니 무척이나 기분 나쁜 눈으로 언약궤를 쳐다보았습니다. 조용히 놓여 있는 언약궤였지만 바라보고 있으면 무엇인가 섬뜩한 생각이 들었습니다.

사제는 하루 종일 기분이 좋지 않았습니다. 무언가에 홀린 것 같기도 하고 일도 손에 잡히지 않았습니다. 아침의 사건이 자꾸 생각날 뿐입니다. 여느 때 같으면 벌써 몇 번이고 들어가 보았을 신전인데 오늘은 하루 종일 그 근처에도 가지 않았답니다.

하루 일과를 마치고 잠자리에 들면서도 마음이 무거웠습니다. 넘어

다곤(Dagon) 신(神)

풍요의 신(神)입니다. 어떤 연구는 물고기 신(神)이라고 합니다. 생긴 모양은 머리가 남자 모양이구요, 몸은 물고기 형체라고 합니다.
신(神)을 모시는 일반적인 이유가 먹고 사는 문제에 있어서 득을 보자는 데 있는 것처럼 블레셋 사람들도 그런 의미에서 신(神)을 모신 것이지요.
농사 잘되게 하는 신을 모신 것이기도 하구요. 바다에서 어업을 할 때 어려운 일 당하지 않도록 도움을 받기 위한 신(神)이었던 것 같습니다.

져 있던 다곤 신상 때문이었습니다. 정말 괴이한 일이었습니다. 그 옆에 있는 언약궤의 모습이 자꾸 보이는 것 같았습니다.

다음날 이른 아침 다곤 신전 사제는 다시 신전에 갔습니다. 늘 하던 대로 신상 앞에서의 예식을 해야 했기 때문입니다. 신전 문을 열자... 사제는 까무러칠 뻔했습니다. 다곤 신상이 또 내동댕이 쳐져 얼굴이 땅에 닿아 있는 겁니다. 그 정도가 아니었습니다. 모가지가 잘려져 있었고 신의 두 손목이 잘려져 문지방에 걸쳐 있는 게 아니겠습니까! 몸뚱이만 덩그러니 있는 겁니다! 사제는 자기 몸에서 식은땀이 흐르는 것을 느낄 수 있었습니다. 얼른 신전의 문을 닫았죠. 그리고 이 일에 대하여 생각하기 시작했습니다.

다른 사제들이 몰려 왔습니다. 새파랗게 질려 있는 사제를 보고 무슨 일이냐고 물었습니다만 대답을 하지 못했습니다. 단지 두려움에 떨며 신전을 바라보고 있을 뿐이었습니다. 달려온 사람들은 신전 안을 들여다보았습니다. 끔찍했습니다. 다곤 신상의 모가지가 잘려 뒹굴고 있구요, 손목들은 문지방에 놓여 있는 겁니다. 몸뚱이는 다른 곳에 굴려져 있었습니다. 끔직한 장면을 본 사제들은 신전 안으로 들어 갈 수 없었습니다. 그러면서 서로들 말했습니다.

"문지방 밟지 말어, 손목을 봐! 만일 문지방 밟으면 저주받을 거여!"

아스돗 사람들이 신전에 제사하기 위해 오곤 했었습니다. 그런데 신전에 신상이 없는 겁니다. 오히려 이스라엘 사람들의 신이라고 여기는 여호와의 언약궤만 그 자리에 있었습니다. 이상하게 여긴 사람들, 진리는 숨길 수 없는 법, 이후에 블레셋 사람들은 다곤 신전의 문지방을 밟지 않았답니다.

「그러므로 다곤의 제사장들이나 다곤의 당에 들어가는 자는 오늘까지 아스돗에 있는 다곤의 문지방을 밟지 아니하더라」(:5)

아스돗 사람들마다 한마디씩 했습니다.

"이스라엘의 언약궤가 우리의 다곤 신상을 넘어뜨렸다는군..."

입으로 전해지는 소문은 걷잡을 수 없었습니다.

그런데 어느 날부터 아스돗 마을에 전염병이 돌기 시작하는 겁니다. 그러더니 무척이나 급속도로 번지기 시작했습니다. 약도 없었습니다. 마치 벌레에 물린 것과 같은 증상이 나타났는데 그 고통은 이루 말할 수 없었습니다. 누군가 이스라엘의 신 여호와가 아스돗 땅을 치는 거라고 말하네요.

「여호와의 손이 아스돗 사람에게 엄중히 더하사 독종의 재앙으로 아스돗과 그 지경을 쳐서 망하게 하니 아스돗 사람들이 이를 보고 가로되 이스라엘 신의 궤를 우리와 함께 있게 못할지라 그 손이 우리와 우리 신 다곤을 친다 하고」(:6-7)

하나님을 알만한 것이 충분히 나타나고 있는데...
사람들은 당장의 문제에는 민감합니다.
미래 특히 내세의 문제에는 미련할 만큼 둔감합니다.
아니 감각이 없다고나 할까요.
블레셋 사람들은 지금의 재앙에만 관심을 두고 있습니다.
저들이 만일 미래와 내세에 관심을 둔다면
하나님에 대하여 생각하기 시작했을 겁니다.

우리도 재앙을 피하려고만 하면 안 됩니다.
재앙을 보내신 하나님을 생각해야 합니다.
그리고 재앙을 통해 하나님을 만나야 합니다.

블레셋 중앙 정부에 이 일이 전해졌습니다. 블레셋의 관리들은 아우성치는 아스돗 사람들에게 언약궤 탓이 아니라고 설득했지만 아스돗 사람들은 어쨌거나 이스라엘의 언약궤를 자신들의 땅에서 치워 달라고 강력히 주장했습니다. 결국 정부는 언약궤를 가드 지방으로 옮기기로 결정했습니다.

「이에 보내어 블레셋 사람의 모든 방백을 모으고 가로되 우리가 이스라엘 신의 궤를 어찌할꼬 그들이 대답하되 이스라엘 신의 궤를 가드로 옮겨 가라」(:8)

그런데 이상합니다. 가드 지방에도 지난 번 아스돗 땅에 발생했던 전염병이 돌기 시작했습니다. 그 전염병은 점점 확산되더니 어린아이로부터 어른에 이르기까지 견딜 수 없는 고통을 겪게 했습니다.

「이스라엘 신의 궤를 옮겨 갔더니 그것을 옮겨간 후에 여호와의 손이 심히 큰 환난을 그 성에 더하사 성읍 사람의 작은 자와 큰 자를 다쳐서 독종이 나게 하신지라」(:9)

가드 사람들은 누구에게 물을 것도 없이 언약궤를 다른 곳에 보내기로 했습니다. 그러나 신전이 있는 마을이나 성읍마다 언약궤 들어오는 것을 저지하는 겁니다. 결국 에그론으로 보낼 것을 결정하고 통보했지요. 물론 에그론 사람들은 언약궤를 받아들일 수 없다고 했습니다만 가드 사람들은 에그론 사람들의 반대에도 아랑곳하지 않고 무조건 보냈답니다.

에그론 사람들이 성문을 잠그고 소리질렀습니다.

"가드 사람들이 우릴 모두 죽이려고 작정했구먼!"

「이에 그들이 하나님의 궤를 에그론으로 보내니라 하나님의 궤가 에그론에 이른즉 에그론 사람이 부르짖어 가로되 그들이 이스라엘 신의 궤를 우리에게로 가져다가 우리와 우리 백성을 죽이려 한다 하고」(:10)

언약궤는 애물 단지였습니다. 함부로 버리자니 블레셋 땅 전체에 재앙이 내릴 것이 분명했고, 어떤 성읍에 두고자 했지만 그 성읍들조차 받아주질 않고…

블레셋의 관리들이 또 모였습니다. 장시간 동안 머리를 싸매고 심각하게 회의를 했습니다. 언약궤를 어떻게 하면 되겠는지를 의논하기 위해서 말입니다.

"이스라엘 땅으로 돌려보냅시다!"

누군가 제안했습니다.

"만일 우리가 가지고 있으면 우리 블레셋 백성이 하나도 남아나지 않을거요. 우리가 사는 것이 중요하지 않소… 돌려보냅시다."

「이에 보내어 블레셋 모든 방백을 모으고 가로되 이스라엘 신의 궤를 보내어 본처로 돌아가게 하고 우리와 우리 백성 죽임을 면케 하자 하니 이는 온 성이 사망의 환난을 당함이라 거기서 하나님의 손이 엄중하시므로」(:11)

하나님의 궤로 인하여
블레셋 사람들은 대단한 화(禍)를 입었습니다.
저들은 하나님을 경험한 것입니다.
전에는 애굽의 바로를 혼쭐나게 하신
이스라엘의 하나님에 대하여 듣기만 했었습니다.
그런데 이번 전쟁에서 언약궤를 빼앗았기 때문에
이스라엘의 하나님은 자신들의 신(神)인 다곤에게는
어림없다고 생각했습니다.
그런데 그렇지 않았습니다.
이스라엘의 하나님에 대한 소문은 사실이었습니다.

그리고 그 하나님을 경험한 것입니다.
하나님은 스스로 살아 계시고
능력을 나타내시는 분이심을 보이신 것입니다.

우리가 하나님의 살아 계심을 나타내지 않으면
하나님은 감춰져 있다고 생각하면 안 됩니다.
하나님은 스스로 일하십니다.
하나님은 자신의 영광을 빼앗기지 않으실 뿐 아니라
스스로 영광을 나타내시는 분이십니다.
이스라엘 사람들은 자신들이 하나님의 영광을 나타내는
특별한 사람, 선택된 존재라고 생각했습니다.
자신들이 일하지 않으면
하나님은 감춰져 있는 분으로 생각했습니다.
그러나 보십시오.
하나님은 스스로 나타내시는 분입니다.
그러므로 인간이 하나님을 나타내지 않고
하나님의 영광을 나타내지 않으면
하나님은 드러나지 않을 것이라고 생각하지 마십시오.
하나님은 스스로 일하시는 분이십니다.
우리가 할 수 있는 것은 하나님의 위대하신 일과
그분이 베푸시는 은혜에 대한 증인으로
살아가는 것입니다.

❷ 6:1~12

언약궤를 보내는 준비

하나님의 언약궤가 블레셋 땅에 있는 7개월 동안 블레셋 사람들은 하나님을 경험했습니다. 언약궤가 있었던 곳마다 퍼졌던 전염병을 통해 하나님의 역사를 본 것이지요.

바라는 것은
블레셋 사람들이 7개월 동안 하나님을 경험했다면
이번 기회에 아무 것도 아닌 다곤 신과 우상들을 버리고
하나님께 회개하고 나오면 좋겠다는 생각이 듭니다.
하나님을 섬기겠다고 항복할 수 있는 좋은 기회잖아요.
그런데 자신들의 신을 버려야 한다는 생각이나

하나님을 섬겨야겠다는 생각은 전혀 하지 않습니다.
저들의 생각은 단지 자신들에게 재앙을 내린다고
생각하는 하나님의 궤를 떠나보내고 싶을 뿐입니다.

블레셋 사람, 구원을 받지 못함에 핑계할 수 없겠네요.
7개월 간, 살아 계신 하나님을 경험했음에도 불구하고
돌이키지 않았기 때문입니다.
로마서의 말씀이 생각납니다.
하나님을 보여줘도 하나님을 거부하는 악한 속성 말입니다.

「창세로부터 그의 보이지 아니하는 것들 곧 그의 영원하신 능력과 신성이 그 만드신 만물에 분명히 보여 알게 되나니 그러므로 저희가 핑계치 못할지니라」(롬 1:20)

(블레셋) 사람들은 본질적으로
자신들의 삶에 하나님을 두기 싫어했답니다.

「또한 저희가 마음에 하나님 두기를 싫어...」(롬 1:28)

우린 교회 안에 있는 사람들
혹 우리 삶의 가장 깊은 곳에 주님이 자리 잡는 것을
싫어하고 있지는 않은지요.
정말 중요한 곳에 주님을 두려고 하지 않는 잘못은 하지 마세요.

하나님이 느껴질 때 회개해야 합니다.
하나님을 떠나보내려 하면 안 됩니다.

하나님이 고통을 주실 때 고통을 면하기 위해
하나님을 떠나게 할 것이 아니라
하나님 앞에 무릎을 꿇고 항복해야 합니다.

블레셋 정부는 언약궤로 인한 국가적인 문제를 해결해야 했습니다. 언약궤가 꼴도 보기 싫었겠죠. 아마도 언약궤를 부숴버리고 싶은 마음이 굴뚝같았을 겁니다. 하지만 함부로 할 수는 없었습니다. 언약궤가 블레셋 땅에 있다는 그 자체만으로 여호와 신이 이렇게 진노를 쏟아 붓고 있는데 만약 언약궤를 부수기라도 한다면 여호와라는 신이 어떤 저주를 내릴지 두려웠기 때문입니다. 블레셋의 종교 전문가들을 불러 그들에게 언약궤 처리에 대한 자문을 구했습니다. 만일 이스라엘로 보낸다면 어떤 방법으로 보내야 하는지도 물었습니다.

「블레셋 사람이 제사장들과 복술자들을 불러서 이르되 우리가 여호와의 궤를 어떻게 할꼬 그것을 어떻게 본처로 보낼 것을 우리에게 가르치라」(:2)

블레셋의 종교 문제 전문가들은 무척이나 고민하다가 해결책을 내놓았습니다. 저들의 대답은 신중했습니다. 언약궤에 대한 예의를 갖추어야 한답니다. 언약궤를 함부로 다룬 것은 여호와 신에 대한 경거망동이었기 때문에 참회의 의미로 속건 제사를 드리랍니다. 그렇게 되면 이스라엘 여호와 신이 화가 풀려서, 내린 저주 즉 블레셋 땅에 퍼진 전염병이 사라질 것이고 형벌도 면케해 줄 거랍니다. 블레셋의 관리들이 다시 물었습니다. 어떤 종류의 제물을 드려야 하나님의 마음에 들지를. 블레셋 사람들에게 임한 종기와 같은 모양을 금으로 만들되 다섯 개를 만들랍니다. 그리고 금으로 쥐 다섯 개를 만들어 함께 보내라는 겁니다. 그러면 여호와의 진노가 그치게 되고 형벌을 피할 수 있답니다.

「그들이 가로되 무엇으로 그에게 드릴 속건제를 삼을꼬 가로되 블레셋 사람의 방백의 수효대로 금독종 다섯과 금쥐 다섯이라야 하리니 너희와 너희 방백에게 내린 재앙이 일반임이니라」(:4)

금 독종 다섯 개, 금 쥐 다섯 개…
속건 제물들…
무척이나 정성스런 마음으로
생각해 낸 거랍니다.
물론 우리의 입장에서는 웃기는 일이죠.

금(金) 종기 다섯, 금(金) 쥐 다섯

언약궤를 얕잡아 보고 유린한 대가로 치루어야 할 제물들입니다. 금(金)은 값이 나가는 것을 의미하구요, 다섯 개는 블레셋의 모든 도시가 항복한다는 의미랍니다. (블레셋의 다섯 도시는 가드, 가사, 에글론, 아스돗, 아스글론입니다.)
종기 모양으로 만든 것은 여호와께서 내리신 재앙이 종기였기에 그 종기를 다시 돌려 드린다는 것을 상징하며, '재앙을 그쳐 주십시오' 라는 의미랍니다. 쥐 모양으로 만든 이유는 전염병이 쥐를 통해 퍼졌기 때문이 아닌가 합니다.

그런데 배울 점이 있습니다.
저들은 자신들의 문제를 해결하기 위해 무척이나
진지하고 신중하게 이런 일을 하고 있다는 겁니다.

우리는 하나님께 어떤 모습으로 나아가고 있는지요?
하나님을 섬기지 않는 사람들도
우리의 하나님을 두려워하며 진지한 마음으로
신중하게 나아가는데
우린 그들보다 더 정성스러운 모습으로
나아가야 하지 않을까요?
우리의 하나님에 대한 존귀함을 소홀히 하지 맙시다!

「그러므로 너희는 너희 독종의 형상과 땅을 해롭게 하는 쥐의 형상을 만들어 이스라엘 신께 영화를 돌리라 그가 혹 그 손을 너희와 너희 신들과 너희 땅에서 경하게 하실까 하노라 애굽인과 바로가 그 마음을 강퍅케 한 것같이 어찌하여 너희가 너희 마음을 강퍅케 하겠느냐 그가 그들 중에서 기이하게 행한 후에 그들이 백성을 가게 하므로 백성이 떠나지 아니하였느냐」(:5-6)

블레셋의 종교 지도자들은 계속해서 말했습니다. 새 수레를 하나 만들랍니다. 그리고 그 수레를 멍에 메어 보지 않은 소로 하여금 끌게 하라는 겁니다. 그 소는 얼마 전에 새끼를 낳은... 그래서 새끼에게 젖을 먹이고 있는 암소여야 한답니다. 송아지와 어미 소를 함께 데리고 왔다가 어미 소는 수레를 메게 하고 송아지는 집으로 돌려보내랍니다. 어미 소가 멘 수레 위에 언약궤를 싣고 제물로 드릴 다섯 개의 금 독종과 금 쥐는 상자에 따로 담아 언약궤 옆에 두랍니다. 수레 모는 사람이 없답니다. 소들로 하여금 이스라엘 땅 벧세메스로 가게 하랍니다. 만일 벧세메스로 가면 지금까지 블레셋 땅에 임한 재앙이 여호와로부터 온 재앙임을 믿어야 하는 것이고 그렇지 않다면 지금까지의 재앙은 우연이었다고 생각하면 된다는 거였습니다.

「그러므로 새 수레를 만들고 멍에 메어 보지 아니한 젖 나는 소 둘을 끌어다가 수레를 소에 메우고 그 송아지들은 떼어 집으로 돌려 보내고 여호와의 궤를 가져다가 수레에 싣고 속건제 드릴 금보물은 상자에 담아 궤 곁에 두고 그것을 보내어 가게 하고 보아서 궤가 그 본 지경 길로 올라가서 벧세메스로 가면 이 큰 재앙은 그가 우리에게 내린 것이요 그렇지 아니하면 우리를 친 것이 그 손이 아니요 우연히 만난 것인 줄 알리라」(:7–9)

블레셋의 관리 한 사람이 마을 속으로 들어갔습니다. 송아지에게 젖을 먹이고 있는 소 두 마리를 구하기 위해서였습니다. 이 집 저 집 기웃거렸습니다. 젖 먹이고 젖 먹는 송아지가 있나 해서입니다. 어미 소 그리고 젖을 빨고 있는 송아지가 있네요. 예뻤습니다. 송아지에게 젖을 빨리고 있는 어미 소의 모습 행복해 보였습니다. 마치 자신의 온 생명을 주고 있는 모습이었습니다.

블레셋의 관리는 어미 소와 송아지를 떼어놓을 생각을 하니, 그런 일을 해야 하는 자신이 잔인하다고 느껴졌습니다. 반면에 어미 소가 송아지 때문에 벧세메스로 간다는 것이 불가능하리라 생각하니 측은한 마음도 이내 사라졌답니다. 젖 먹는 송아지와 젖 먹이는 어미 소를 풀어서 끌고 나갔습니다. 물론 주인에게 자초지종을 말하고 값을 지불했지요. 어미 소와 송아지… 함께 가는 것이 좋은가 봅니다.

사람들이 많이 모여 있습니다. 다른 관리도 어미 소와 송아지를 끌고 왔습니다. 그 송아지 역시 엄마의 젖을 빨고 있었습니다. 두 마리 소가 한 번도 멍에를 메어 본 적이 없는 소랍니다. 사람들은 걱정했습니다. 멍에를 메어 본 적이 없는 소에게 수레의 멍에를 지운다면 펄쩍 뛸 것이고 균형 잡는 것이 어려워서 난리 칠 것이 뻔하기 때문이었습니다. 게다가 무거운 언약궤와 금 독종과 금 쥐가 담긴 상자까지 얹으면 더 무거워진 무게로 인해 금방 뛸 것이 분명했기 때문이었습니다.

소를 몰고 온 사람이 한 마리의 소 등짝 위에 얼마 전에 만든 새 수레의 멍에를 지웠습니다. 소는 귀찮은 듯 꼼지락거렸습니다만 생각보다는 순했습니다. 다른 사람이 또 한 마리의 소를 그 옆으로 끌고 오더니 수레의 멍에를 지웠습니다. 소 두 마리가 한 멍에에 메여 몸이 달라붙었습니다. 지금까지 혼자만 있던 소들이 갑자기 서로 몸이 닿자 고개를 흔들고 몸을 움직이는 겁니다. 그런데 이상하게도 이내 순해지네요.

보고 있던 사람들은 조용했습니다. 반면에 송아지들은 조용하지 않았습니다. 송아지들은 우왕좌왕하고 어미 소의 젖이 그리운 건지 아니면 어미 소가 어디로 갈 것을 눈치챘는지 끙끙거리고 소리지르는 겁니다. 송아지들의 소리에 어미 소들이 자꾸만 뒤를 돌아보려고 하는 것 같았습니다.

어미 소는 새끼 소가 보고 싶었습니다. 그런데 머리를 돌릴 수가 없네요. 무거운 멍에가 짓누르고 있었구요, 옆에 다른 소가 있어서 자꾸 부딪혔기 때문이었습니다.

송아지를 붙잡고 있던 사람이 블레셋 종교지도자들의 지시에 따라 송아지를 데리고 원래의 집으로 데리고 갑니다. 송아지들은 어미 소 있는 곳만 쳐다보네요. 아직 가느다란 다리를 뻣뻣하게 버티고... 가지 않겠다는 버팀이었습니다. 그리고 울었습니다.

"음메, 음메, 음메..."

어미 소를 애타게 부르는 소리였습니다. 소몰이꾼이 고삐를 잡아끌었습니다. 그런데도 고개를 돌려 어미 소를 바라볼 뿐입니다. 그리고 우는 겁니다.

"음메, 음메, 음메..."

수레를 멘 어미 소들... 큰 방울만한 눈에 눈물이 맺혀 있습니다. 새끼 소들의 음메 소리가 무엇을 뜻하는지 알아들었나 봅니다. 그러고 있는데… 갑자기 멍에가 묵직하게 내려앉는 겁니다. 수레에 무엇인가 실은 것 같습니다. 그러더니 또 한 번 멍에가 내려앉았습니다. 또 무엇인가를 실었나 봅니다. 무척이나 무거웠습니다. 멍에를 메어 보기도 처음이고, 이렇게 묶여 있는 것도 처음이었습니다. 무척이나 힘들었습니다. 게다가 새끼들의 울음소리가 더 힘들게 했습니다. 솔방울만한 커다란 눈에서는 찐득찐득한 눈물이 흐르고 있었습니다. 어미 소도 큰 소리로 울었습니다. 그 음메 소리들… 송아지들과 같은 소리였습니다. 사람들이 떠드는 소리가 들렸습니다.

「보아서 궤가 그 본 지경 길로 올라가서 벧세메스로 가면 이 큰 재앙은 그가 우리에게 내린 것이요 그렇지 아니하면 우리를 친 것이 그 손이 아니요 우연히 만난 것인 줄 알리라」(:9)

멍에 멘 소들… 자기들이 벧세메스로 가야 한답니다.

블레셋 사람들은 7개월 동안
하나님 경험을 했음에도 불구하고
실상은 하나님의 능력으로 보기보다는
'우연이 아니었는가?' 하는 생각을 하고 있습니다.
우리도 어떤 일을 만났을 때
하나님의 분명하신 역사임에도 불구하고
의심할 때가 많이 있답니다.

'진짜 하나님께서 일을 하고 계시는 것인가?
아니면 우연일지도 몰라.' 하면서 말입니다.
그러나 성도는 참새 한 마리의 매매까지도 관여하시는
하나님의 세밀하신 역사하심을 잊으면 안 됩니다.
지금도 하나님은 만물을 움직이고 계신답니다.

수레를 멘 소 두 마리가 안절부절 못하고 있었습니다. 그러더니 누군가가 중얼거리고 있네요. 주문을 외우는 것 같았습니다. 아마도 재앙을 없애달라는 것 같습니다. 누군가가 소들의 엉덩이를 때렸습니다. 가라는 겁니다. 어디론가… 가라는 거였습니다.

소들은 수레를 메고 앞을 향해 갔습니다. 어디로 가야 하는지 모르지만 그냥 가는 겁니다. 그런데 눈물이 납니다. 멀리서 들리는 새끼 소들의 울음소리 때문이었습니다. 길을 많이 온 것 같은데도 새끼 소들의 울음소리는 작아지지 않습니다. 아니 더 크게 들리는 겁니다. 그래서 어미 소들도 울었답니다. 돌아가고 싶었습니다. 아니 멈추고 싶었습니다. 아무도 고삐 잡은 사람 없기에 멈추면 되었답니다. 그러면 사람들이 새끼 소에게 데려다 줄줄 알았습니다. 그런데 멈출 수가 없네요. 벧세메스가 어딘지 모르지만 가야만 했답니다. 눈물이 나더라도, 새끼 소의 울음소리가 들리더라도 하나님의 언약궤를 메고 하나님의 땅 이스라엘 벧세메스로 가야만 했답니다.

「암소가 벧세메스 길로 바로 행하여 대로로 가며 갈 때에 울고 좌우로 치우치 지 아니하였고」(:12)

모성애(母性愛)라는 것, 언어로는 표현할 수 없는 거랍니다.
아이들이 햄스터(Hamster)를 키우겠다고 하길래 암수 한 쌍의 햄스터를 새 식구로 맞이했습니다.
햄스터를 키우는 일은 어렵다는 것보다는 귀찮은 일이 많았습니다. 아이들은 처음에는 자신들이 먹이도 주고 물도 주겠다고 약속하더니 이틀이 지나기도 전에 약속을 깼고 그 귀찮은 일은 나의 일이 되고 말았습니다.

그런데 더 문제가 된 것은 햄스터의 임신입니다.
임신했는지도 몰랐는데 어느 날 보니 새끼를 낳은 것이 아니겠습니까?
한 마리가 아니라 많이 낳았습니다. 5–7마리 정도로 기억합니다.
새끼를 낳은 햄스터는 담요 같은 것으로 가려 주어야 한답니다.
어미는 새끼를 보호하는 본능이 있기에 감춰지기를 바란다는 것이지요.
그래서 담요로 어둡게 만들었습니다.
새끼들은 며칠 동안 그렇게 보호되었습니다.

며칠이 지난 후 햄스터 새끼가 보고 싶더라구요. 그래서 덮어두었던 담요를 치웠지요.

그런데 이게 웬일입니까? 어미 햄스터는 자신과 새끼들이 노출되는 것이 불안했는가 봅니다.
이리저리 왔다 갔다 하면서 정신을 못 차리는 겁니다.
너무 미안했습니다. 다시 덮었죠. 그런 후 며칠이 또 지났습니다. 이번에는 덜 우왕좌왕하더군요.
그런데 문제는 케이지 안에 깔아 놓은 톱밥이 문제였습니다. 두 주일 정도 갈아주지 않은 톱밥은 온통 똥과 더러운 것, 그에 따른 지독한 냄새뿐이었습니다.

나는 원래 선한 사람(?)입니다.
그래서 얼른 케이지 속의 톱밥을 갈아주기로 마음을 먹었습니다. 전체를 갈면 불안해할까 하여 반만 갈았습니다. 그런데 문제가 생겼습니다. 어미 햄스터가 마치 미친 것처럼 어쩔 줄 몰라 하는 것이 아니겠습니까? 정말 미친 것 같았습니다. 새끼들을 하나씩 찾는 것입니다. 조금 후에 적응이 되면 괜찮아지겠지... 그런데 그게 아니었습니다. 점점 더 불안해하고 미쳐버리는 것 같았습니다.

그러던 중에 어미는 새끼 한 마리를 찾았습니다.
그런데 그 새끼를 물고 왔다 갔다 하면서 어쩔 줄 몰라 하더니 삼켜버리는 거였습니다. 나는 너무 놀랐습니다. 얼른 케이지의 문을 열고 어미 햄스터의 목구멍으로 넘어가고 있는... 털도 나지 않고 눈도 뜨지 못한 새끼 햄스터를 잡아 뽑았습니다. 어미는 입을 벌리지 않았습니다. 자신의 새끼를 빼앗긴다는 생각 때문인지 눈알이 시뻘개졌습니다. 나는 무서웠습니다. 그러나 목구멍으로 넘어가는 새끼 햄스터를 보고만 있을 수는 없었습니다. 결사적으로 어미의 입을 잡아 벌리고 끄집어냈습니다. 대단하게 끔찍한 사건이었습니다. 이것이 모성애라는 본능이구나 하는 것을 배웠습니다.

블레셋 사람들은 이 모성애를 볼모로 자신들에게 일어난 일들이 우연인지 아니면 하나님께서 행하신 일인지를 시험하고 있는 것입니다. 그것도 젖 나는 소 두 마리로 말입니다(:10).

소처럼 주님을 섬기고 싶습니다.
핏덩어리 송아지의 울음소리를 들으면서도
주님의 길을 간 소처럼 그렇게 주님을 섬기고 싶습니다.
좌로도 우로도 치우치지 않고 주님이 주신 길이라면
묵묵히 간 소처럼 주님을 섬기고 싶습니다.
부딪침이 많지만 그래서 귀찮고 고통스럽지만
잘 참고 끝까지 간 두 마리의 소처럼
그렇게 주님을 섬기고 싶습니다.

❸ 6:13~18
돌아온 언약궤

블레셋과 치른 전쟁에서 패배했고, 역사상 처음으로 언약궤를 빼앗겼습니다. 게다가 대제사장 엘리는 목뼈가 부러져 죽었으며 그 자식들까지 죽어 가문이 무너지는 등의 여러 가지 사건으로 인해 이스라엘 사람들은 불안했고 모든 것들이 불길하게 느껴졌습니다. 지난 7개월 동안 전쟁이나 특별히 고통스러운 일은 없었습니다만 우울하고 불안한 나날들을 보내고 있었습니다. 벧세메스 사람들도 우울함과 불안함으로 보냈답니다. 이 날도 밀밭에서 밀을 추수하고 있었습니다. 언약궤와 이스라엘의 앞날에 대해 걱정하면서 말입니다.

멀리서 먼지를 일으키며 수레가 오고 있었습니다. 수레 위엔 사람이 있지는 않았구요. 오히려 수레 뒤로 몇몇 사람들이 따라 오고 있을 뿐이었습니다. 일하던 사람들은 다가오고 있는 수레를 보기 위해 일어섰습니다. 가까이 오고 있는 수레를 보니 상자 두 개가 얹혀져 있는 겁니다.

"뭘까?"

수레가 밀밭 가까이 오더니 멈추네요. 사람들은 멈춘 수레로 갔습니다. 궤! 언약궤였습니다. 틀림없이 언약궤입니다. 사람들은 기쁨의 환성을 질렀습니다. 언약궤가 돌아왔다고.

「벧세메스 사람들이 골짜기에서 밀을 베다가 눈을 들어 궤를 보고 그것의 보임을 기뻐하더니」(:13)

여기에 은혜가 있습니다.
이스라엘은 언약궤를 찾으려하지 않았습니다.
언약궤를 빼앗겼을 때는 불안했었습니다.
그래서 무척이나 고통스러웠었습니다.
그런데 7개월이 지나도록
이스라엘은 빼앗긴 언약궤를 찾아 나서지 않았답니다.
언약궤가 없이도 사는데 별로 지장이 없었기 때문입니다.
그것 없으면 죽는 줄 알았는데
전혀 그렇지 않았거든요.
아무런 문제가 일어나지 않았거든요.
그래서 그냥 가만히 있었습니다.

그런데... 하나님이 스스로 돌아오신 겁니다.

감각(感覺)없이 살아갑니다.
자신들이 죽어 가는 것조차 전혀 느끼지 못하고 살아갑니다.
그래서 하나님께서 스스로 돌아오십니다.
병든 이스라엘을 사랑하시기 때문입니다.
병들어 감각 없이 조금씩 죽어가고 있는 이스라엘을
그냥 구경만 하실 수가 없기 때문입니다.

나를 향한 주님의 사랑입니다.
하나님 없이 살고 있는 나였습니다.
하나님을 필요로 하지도 않았고 그럴 생각도 없었습니다.
생각하니 나도 모르게 그것은
내가 병들어 죽어 가는 모습이었습니다.
나는 하나님을 필요하다고 생각하지 않았기에
하나님을 찾지 않았습니다.
그런데 하나님이 내게로 오셨습니다.
육신의 몸을 입으시고 나를 찾아오셨습니다.
나를 치료하시고 살리시기 위해서 말입니다.
깨닫고 나니 그것은 전적인 하나님의 은혜였습니다.

사람들은 감동하고 있었습니다. 언약궤가 돌아왔다는 것 그리고 그 거룩한 언약궤를 가까이서 보았다는 것이었구요, 그래서 감동하고 감사하고 있었던 겁니다. 수레가 선 곳은 여호수아의 밭이라고 하는 곳이었습니다. 그 옆에는 큰 돌이 있었습니다.

사람들은 아주 조심스럽게 언약궤를 내려놓았습니다. 한쪽에 언약궤를 두고 언약궤를 실었던 수레의 나무를 팼습니다. 그 나무들을 가지런히 돌 위에 올려 놓구요... 수레를 끌고 온 소를 잡았습니다. 그리고 그 소의 각을 떠서 하나님께 제물로 바쳤답니다.

「수레가 벧세메스 사람 여호수아의 밭 큰 돌 있는 곳에 이르러 선지라 무리가 수레의 나무를 패고 그 소를 번제로 여호와께 드리고」(:14)

스스로 돌아오신 하나님께 대한 감동...
우리는 우리를 살리시기 위하여 오신
하나님을 기뻐하고 있나요?
그리고 그분께 감사의 제사를 드리고 있나요?

제물로 드려진 소들...
물론 억지로 끌려온 소들이었습니다.
그러나 억지로 끌려왔을망정
변함없이, 자세 흐트러지지 않고 할 일 다 했네요.
그런 후엔, 하나님께 제물로 바쳐졌네요.

주님도 그러셨겠죠.
하늘 아버지가 땅으로 내려가라 하시기에 내려 오셨구요...

눈물 흘리시면서도
자세 흐트러지지 않고 사명을 감당하셨답니다.
그런 후에, 제물 되어 죽으셨지요.
소들이 이스라엘을 위해서였다면,
우리 주님은 날 위해 그렇게 되셨답니다.

이젠, 우리 차례…
소처럼, 변함없이 앞을 향해 가자구요.
소처럼, 자세 흐트러지지 말고 주님 주신 길 가자구요.
소들처럼… 함께 손 붙잡고 가자구요.
주님 주신 사명 이루기 위해서 말입니다.

소들을 따라온 블레셋 사람들… 소들이 어떻게 될지를 감시하기 위해 따라온 사람들이었습니다. 그런데 무척이나 놀랐습니다. 소들이 하늘을 찢을 듯한 새끼들의 울음을 들으면서도 벧세메스로 향했기 때문입니다. 그리고 벧세메스 사람들이 감동하는 것도 보았습니다. 물론 소를 잡아 제사 드리는 모습도 보았구요. 놀라움을 경험하고 돌아갔답니다.

「블레셋 다섯 방백이 이것을 보고 그날에 에그론으로 돌아갔더라」(:16)

보았네요.
하나님의 살아 계심을.
하나님의 전능하심을 본 겁니다.

그렇다면 저들이 변해야 하는데…

사람들은 하나님을 경험해도

이들처럼 눈으로 보았다 하더라도

하나님께로 마음 돌이키는 것이 쉽지 않은가 봅니다.

그래서 주님을 만난 사람들이 고백하는 것이 있답니다.

"나의 나 된 것은 주님의 은혜입니다"라는 고백 말입니다.

❹ 6:19~21
진지함을 잃어버린 사람들

소문이 퍼졌습니다. 언약궤가 돌아왔다는 소문이었습니다. 그리고 사람들이 언약궤를 보았답니다. 벧세메스 사람들이 모이기 시작했습니다. 여호수아의 밭이라고 하는 언약궤가 있다는 곳에 말입니다. 아주 신기했습니다. 늦게 와 뒤에 있는 사람들은 서로들 언약궤를 가까이서 보겠다고 아우성치고 있었습니다. 어떤 사람은 언약궤의 뚜껑도 열어보고 싶었습니다. 그 충동을 견디다 못해…

"야! 우리 한번 언약궤 뚜껑을 열어보면 어떨까?…"

그러랍니다. 누군가가 손을 내밀어 뚜껑을 잡았네요. 모두들 조용했습니다. 다른 한 사람이 뚜껑의 다른 쪽을 잡았습니다. 그리고 서로 얼굴을 마주 보더니 약속이나 한 듯 똑같이 들어 내었답니다. 그 안을 들여 다 보았습니다. 그런데 그 순간! 뭐라고 말하려고 하는 순간, 저들이 숨을 쉬지 못하고 갑자기 쓰러지는 겁니다. 뒤에 있던 사람이 쓰러지는 사람을 붙잡으면서 그도 숨을 쉬지 못하고 또 쓰러지는 겁니다. 그러더니 주변에 모였던 사람들 셀 수 없이 많은 사람들이 그 자리에서 죽었답니다.

「벧세메스 사람들이 여호와의 궤를 들여다 본 고로 그들을 치사 (오만) 칠십 인을 죽이신지라」(:19상)

나머지 사람들은 숨이 막혔습니다. 언약궤를 보겠다고 아우성치던 사람이 한 사람씩 죽은 것을 지켜보던 나머지 사람들은 졸지에 두려움에 빠진 겁니다.

몇 가지 질문이 생깁니다. 블레셋 사람들의 언약궤를 다룬 방법에 대한 것입니다. 블레셋 사람들은 언약궤를 다루는 방식을 따르지 않고 자기들의 생각으로 다루었는데 아무런 진노를 입지 않았다는 겁니다. 사실 언약궤는 제사장들이 어깨에 메고 운반해야 한다는 계명이 있답니다.
그런데 블레셋 사람들은 율법을 따르지 않았는데도 죽지도 화를 입지도 않았습니다. 왜 그럴까요? 대답은 어렵지 않습니다. 블레셋 사람들은 언약궤 옮기는 법을 모르는 사람들이라는 겁니다. 만일 알고 그랬다면 하나님의 진노를 받았겠죠. 그러나 저들은 몰랐고 반면에 자기들의 마음 중심에서 언약궤를 모신 것입니다. 그들이 죽지 않은 이유랍니다.

모르고 행하는 죄…

하나님께서 정상을 참작하시는 것 같습니다.

그도 그런 것이 우리 가정에서 잘 나타납니다.

아이들이 몰라서 사고를 친 것이 있습니다.

그러면 부모는 용서해 준답니다.

그런데 뻔히 나쁜 것인 줄 알면서도 못된 짓을 하면

그 때는 징벌이 있는 거잖아요…

그래서 율법을 아는 벧세메스 사람들은 죽은 겁니다.

보면 안 되는 걸 알던 자들이었기에 죽은 겁니다.

성경과 성령께서 양심에 하시는 소리,

외면하지 마세요!

벧세메스 마을이 공포의 분위기로 휩싸였습니다. 마을 전체가 장례식 분위기였습니다. 아니 장례를 치렀거나 아직도 장례를 치루기 위해 기다리고 있는 집들이었습니다. 그러더니 슬픔과 두려움 가운데 있던 어떤 한 사람이 제안을 했습니다. 이 여호와의 궤를 마을에서 다른 곳으로 모시자고.

이스라엘의 마을마다 벧세메스 마을에서 벌어진 일들을 들었습니다. 그래서 모두 언약궤를 모시는 일을 무척이나 꺼려했답니다. 재앙에 대한 두려움 때문이었습니다. 결국 유다와 베냐민 사이에 있는 기랏여아림이라는 거절할 힘이 없는 작은 마을로 언약궤를 보내 강제로 모시도록 했답니다.

「벧세메스 사람들이 가로되 이 거룩하신 하나님 여호와 앞에 누가 능히 서리요 그를 우리에게서 뉘게로 가시게 할꼬 하고 사자들을 기럇여아림 거민에게 보내어 가로되 블레셋 사람이 여호와의 궤를 도로 가져왔으니 너희는 내려와서 그것을 너희에게로 옮겨 가라」(:20-21)

〉〉 세 번째 이야기 7-12장

시대의 어른, 사무엘

사무엘이 늙었습니다. 그는 평생 벧엘과 길갈 미스바, 그리고 라마에서 사사 역할을 수행했습니다. 그의 사역은 하나님을 기쁘시게 하는 사역이었답니다. 이스라엘 내치(內治)를 성공했을 뿐만 아니라 외치(外治)에 있어서도 완벽하게 성공했습니다. 국내적으로는 아무런 문제가 없었고 블레셋도 얼씬거리지 못하였습니다. 그런데 사무엘에게도 힘든 일이 있었습니다. 사무엘에게 흠 잡히는 일이 생겼습니다. 자식들로 인한 문제였습니다. 사무엘에게는 자식에 관한 지울 수 없는 기억이 있습니다. 엘리 제사장과 그의 아들들 홉니와 비느하스에 관한 기억입니다. 그런데 사무엘에게도 자식으로 인한 문제가 발생한 것입니다. 다른 일에는 큰 소리를 칠 수 있었습니다만 사람들의 입에서 아들들에 관한 말만 나오면 사무엘은 할 말이 없었습니다. 그래서 사람들이 자신의 자식에 관해서는 말하지 않기를 얼마나 바랐는지 모릅니다. 자식들에 관한 이야기를 하고 있는 곳에 가게 되었다면... 슬그머니 그 자리를 떠

THE BIBLICAL

THE BIBLICAL STORYTELLING BIBLE STUDY

❶ 7:1~2

예측 못한 사명자로...

기럇여아림 마을, 사람들의 강압에 못 이겨 언약궤를 떠맡게 되었습니다. 이유야 어찌되었든 언약궤를 받아들이는 건 기정사실이었습니다. 벧세메스 사람들처럼 죽임을 당할 수 있다는 두려움이 있었으나 어쩔 수 없는 상황이었답니다.

기럇여아림 사람들은 깊은 근심 끝에 벧세메스로 사람을 보냈습니다. 언약궤를 가지고 오기 위해서였습니다. 두려움 가운데 있는 기럇여아림 사람들은 언약궤를 어디에 둘 것인지를 고민했습니다. 벧세메스 사람들의 죽음이 언약궤를 본 것으로 인해 일어났기 때문에 사람들로 하여금 절대로 언약궤를 보지 못하도록 해야 한다고 했습니다. 그래서 언약궤를 산 속 깊은 곳에 사는 아비나답의 집에 두기로 결정했답니다.

「기랏여아림 사람들이 와서 여호와의 궤를 옮겨 산에 사는 아비나답의 집에 들여놓고」(:1상)

졸지에 언약궤를 떠맡은 아비나답의 집은 초긴장 상태였습니다. 잘못하다가는 온 가족이 모두 죽을 수 있다는 생각 때문이었습니다.

아버지 아비나답은 엘리아살을 불렀습니다. 그러더니 진지하게 기도를 하는 겁니다. 엘리아살은 얼떨결에 아버지와 함께 기도했습니다. 아버지가 아들에게 목욕을 하랍니다. 엘르아살은 아버지 말씀대로 했습니다. 목욕을 마친 후 아버지는 엘르아살에게 새 옷을 주었습니다. 그러더니 부담스러운 말을 했습니다. 집에 들어온 언약궤를 책임지고 맡아 관리하라고. 아주 조심스럽게 관리하되 누구든지 와서 보겠다고 하면 절대로 보여주어서는 안 된답니다. 엘리아살도 관리만 할 뿐 이유 없이 가까이 하지 말랍니다. 만일 조금이라도 잘못하면 하나님의 진노가 있을 거랍니다. 엘르아살은 졸지에 무겁고도 큰 사명 맡게 되었답니다!

「...그 아들 엘리아살을 거룩히 구별하여 여호와의 궤를 지키게 하였더니」(:1하)

사명, 택한 것이 아닙니다.
받은 겁니다.

사명, 주시는 것이기에
거부할 수 있는 것 아닙니다.
부담되어도 하는 것이고
싫어도 하는 것입니다.
생명을 바쳐서라도 하는 것입니다.
사명, 주시는 것이기에
시시때때로 바뀌지 않는답니다.
하나님이 변덕 없으신 분이기 때문입니다.
사명, 발견하세요.
발견한 사명, 묵묵히 감당하세요.
사명 받음,
부담이 아니고 축복임을 감사하세요.

기럇여아림 산 중 촌구석에 하나님의 언약궤가 모셔져 있답니다. 그런데 가 볼 수 없네요. 일반 백성들은 물론 제사장들도 가지 못했답니다. 얼마 전 언약궤 옆에 있던 사람들이 죽음을 당했다는 소문으로 인한 두려움 때문이었습니다. 그래서 언약궤를 기럇여아림에 모셔 둔 거랍니다.

사람들은 언약궤가 있다는 기럇여아림에 가고 싶었습니다. 그 앞에서 제사하고 싶었고 기도하고 싶었습니다. 제사장과 함께 제물 드리고 싶었습니다. 그런데 갈 수 없었습니다. 가지 못하게 했기 때문입니다. 그래서 사람들의 마음은 공허했답니다. 정말 언약궤 앞에서 제사하고 싶은 마음이 간절했습니다.

「궤가 기럇여아림에 들어간 날부터 이십 년 동안을 오래 있은지라 이스라엘 온 족속이 여호와를 사모하니라」(:2)

하나님은 무서운 분?
하나님과의 약속을 어긴 사람들에게는
하나님이 무서운 하나님입니다.
그러나 하나님의 말씀을 잘 듣고
순종하는 사람에게는
축복의 하나님이시랍니다.

본문은 언약궤가 기럇여아림 아비나답의 집으로 들어간 후 20년 동안 있었다고 합니다. 그 의미가 정확하게 무엇을 말하는지는 모르겠습니다만... 성경상의 역사를 따지면 언약궤가 이곳에 온 후 사람들에게 다시 발견되는 사건은 사무엘하 6장에서 나온답니다. 사무엘하 6장의 내용은 다윗이 왕이 된 후인데... 그렇다면 사울의 통치 40년이 지난 후란 말인데... 그런 시간을 보면 적어도 50년은 지난 다음 언약궤가 찾아졌다는 겁니다.
해석하기 고통스러운 본문입니다! (필자는) 생각건대 사람들이 두려워서 근처에 얼씬거리지도 않은 기간이 20년 정도였음을 말하는 것 같습니다. 그러니 언약궤가 기럇여아림에 있다는 것을 뻔히 알고 있는데 가까이 가지 못하니 얼마나 답답했겠습니까? 그래서 그 표현을 '이스라엘 온 족속이 여호와를 사모하니라' 라고 한 것 같다는 생각입니다.
그 후에는 사울의 통치 기간 중에는 아주 몇몇 소수의 제사장들이 찾아오곤 한 것이 아닌가 추측됩니다.

기럇여아림 산 중에 묻혀 있는 하나님…

무서워하지 않아도 되는데,

찾아가서 기도하고 마음을 드리고

사랑을 드리면 되는데,

하나님에 대한 착각,

오히려 영적인 곤고함만을 가지고 왔네요.

잊지 마세요.

하나님은 무서운 하나님이 아니라

사랑의 하나님이심을.

❷ 7:3~4

공동체를 위한 헌신의 첫 단추, 순종입니다

사무엘은 홉니와 비느하스 제사장이 언약궤를 가지고 전장에 나가는 걸 보았었습니다. 그러면 안 된다는 생각 간절했지만 엘리 제사장께서 허락하셨기에 어쩔 수 없이 보고만 있었었지요. 그런데 이스라엘은 블레셋에 완전히 패하고 언약궤는 빼앗기고... 홉니와 비느하스 그리고 엘리 제사장은 죽고... 실로 성전을 지키고는 있었습니다만 언약궤 없는 성전, 그리고 어른 없는 성전... 허전했고 텅 빈 것 같았습니다. 그러나 사무엘은 흐트러지지 않았습니다. 속이야 어떤지 모르지만 그의 의연한 자세는 방문하는 사람들로 하여금 믿음이 가게 했답니다.

사무엘도 들었습니다. 언약궤로 말미암아 블레셋에 큰 재앙이 있었고 벧세메스로 언약궤가 돌아왔는데 사람들이 쳐다보다가 죽었다는 소문, 그리고 지금은 기럇여아림이라는 시골에 있다는 것을 들어서 알고 있었답니다.

실로 성전을 방문하는 사람마다 나라 걱정을 많이 했습니다. 이스라엘 전체의 영적인 분위기에 대한 걱정들이었습니다. 곳곳에서 우상을 섬기는 사람들이 엘리 제사장 때보다 더 많아졌답니다. 바알을 섬기는 사람, 아스다롯을 섬기는 사람들이 많답니다. 영적인 지도자의 공백이 사회를 불안하게 만들었고 사람들의 불안 심리는 우상 숭배로 연결된 겁니다. 사람들은 사무엘에게 조용히 권면하곤 했습니다.

"당신이... 이스라엘의 영적인 지도자로 나서야 한다고..."

사무엘을 이스라엘의 지도자로 삼기 위한 사람들이 실로 성전에 자주 모이곤 했습니다. 그리고 그 숫자가 늘어났습니다. 사람들이 올 때는 자신과 뜻을 같이 하는 사람 내지는 자신들의 주변 사람들을 하나 둘씩 데리고 왔습니다. 대부분의 사람들이 영적인 갈증과 함께 이스라엘에 대한 걱정을 하는 사람들이었습니다. 그렇다고 하나님만을 굳게 섬기는 사람들은 아니었습니다. 그런 사람도 있었지만 만연해 있는 바알과 아스다롯 신을 몰래 섬기는 사람도 있었습니다. 사무엘은 그들이 모일 때마다 설교했습니다.

「사무엘이 이스라엘 온 족속에게 일러 가로되 너희가 전심으로 여호와께 돌아오려거든 이방 신들과 아스다롯을 너희 중에서 제하고 너희 마음을 여호와께로 향하여 그만 섬기라」(:3)

영적인 행복… 누리고 싶으세요?
회복을 원하시나요?
우상을 버려야 한답니다.
이스라엘에겐 바알과 아스다롯, 풍요와 쾌락의 신이었죠.
우리에겐 어떤 감춰진 우상이 있나요?
마음을 여호와께로 향하랍니다.
세상에 두지 마세요. 출세, 물질, 성공,
심지어는 자식에게로 온 마음을 두면 안 됩니다.
하나님께로 마음을 두세요. 그분만 섬기랍니다.
섬김… 헌신을 말하는 거겠죠.
우리가 가진 모든 것으로 주께 헌신하세요.
그렇게 하는 것이 하나님께로 돌아오는 거랍니다.

사람들의 마음이 많이 찔렸습니다. 사무엘에게 와서 이스라엘을 책임져 달라고 하긴 했지만 숨겨놓은 우상을 제하고 하나님께만 헌신하라는 소리를 들을 때는 뜨끔했던 겁니다. 그래서 사람들은 하나 둘씩 우상들을 제거하기 시작했답니다.

「이에 이스라엘 자손이 바알들과 아스다롯을 제하고 여호와만 섬기니라」(:4)

순종…

성도의 아름다움입니다.

순종…

공동체의 힘입니다.

순종…

공동체의 보물입니다.

순종…

개인과 공동체의 축복입니다.

사사 시대에 나타났던 요소들이 나타납니다.

블레셋에게 고통을 당하구요,

영적인 기근과 기갈이 있구요,

사무엘의 회개 촉구가 있구요,

백성들의 순종이 있네요.

다음은 평화의 시대가 오겠죠.

이런 흐름 속에서

사무엘은 사사라고 하기도 하는 겁니다.

물론 그는 사사의 역할을 하기도 합니다만

제사장으로서의 역할 또한 해내지요.

게다가 그의 사역을 보면

전체를 다스리는 왕으로서의 역할을

넉넉히 감당하는 모습도 있구요.

그래서 그를 그리스도의 모형으로 그리기도 한답니다.

예수님의 사역이 왕, 제사장, 선지자의 역할이셨잖아요!

❸ 7:5~11
미스바 대 각성 운동

이스라엘을 걱정하는 사람들이 모였을 때입니다. 전국적인 부흥을 일으켜야겠다는 이야기들이 오고 간 겁니다. 사람들을 모으자고 했습니다. 먼저 회개와 더불어 하나님의 뜻을 묻기 위한 큰 모임을 갖자는 겁니다. 사무엘도 적극적으로 합세했습니다. 자신이 나서서 민족의 영적 대 각성을 위해 기도하겠답니다. 집회 장소는 미스바였습니다.

「사무엘이 가로되 온 이스라엘은 미스바로 모이라 내가 너희를 위하여 여호와께 기도하리라 하매」(:5)

약속한 날에 사람들이 하나 둘씩 모여들기 시작했습니다. 영적인 갈급함 가운데 있는 사람들의 모임이었습니다. 제사장 사무엘의 인도에 따라 서로들 모여 기도하였고 말씀을 나누었답니다. 그러다가 공동체의 연합 기도 모임 시간이 되었을 때입니다. 물을 길어 제단 앞에 부었습니다. 금식하는 중에 행해지는 일이었습니다. 사람들은 물이 제단 앞에 부어지자 자신들의 죄를 쏟아 내었습니다. 모인 사람들이 하나 같이 회개의 기도를 드린 겁니다. 회개의 기도 열기는 대단했습니다. 성령께서 역사하시는 순간이었습니다. 기도의 불길은 그칠 줄 몰랐고 사람들마다 회개로 인한 용서의 기쁨을 누리고 있었습니다.

기도만 계속되는 것이 아니었습니다. 기도가 어느 정도 진행이 되고 나면 사무엘이 제단 앞에 나와서 하나님의 말씀을 전합니다. 하나님의 말씀을 들은 사람들은 또 다시 죄를 발견하고 회개했습니다.

행복한 시간들, 아니 은혜의 시간들이었습니다. 사무엘의 영적인 지도력으로 미스바의 부흥회는 그칠 줄 모르고 있었습니다. 정말 오랜만에 경험하는 은혜의 시간이었답니다.

「그들이 미스바에 모여 물을 길어 여호와 앞에 붓고 그날에 금식하고 거기서 가로되 우리가 여호와께 범죄하였나이다 하니라 사무엘이 미스바에서 이스라엘 자손을 다스리니라」(:6)

진심으로 기도할 때 하나님의 역사가 나타납니다.

무엇보다 회개할 때 용서와 더불어 심령이 깨끗해지면서
하나님의 영이 내 속에 들어오신답니다.
그때 넘치는 감사가 있구요
감당할 수 없는 기쁨이 있답니다.
들리는 말씀이, 전에는 사람의 소리로 들렸고
판단만 되었는데 꿀처럼 달게 느껴진답니다.
아니 거부할 수 없는 하나님의 말씀으로 들려지는 것이지요.

역사 속에서 하나님은
기도하는 무리를 찾으셨습니다.
그리고 기도하는 사람들에게
세상에서 경험할 수 없는 은혜를 주셨죠.
그것은 대단한 능력이었습니다.
우리 시대에도 기도하는 무리를
하나님은 눈여겨보고 계십니다.
그리고 그 공동체 안에
상상할 수 없는 능력을 주시고 싶어 하십니다.
미스바에 나타난 능력,
그리고 마가 다락방에 나타난 능력...
오늘날 우리의 모임 속에서도 나타나길 소원합니다!

이스라엘 사람들이 미스바에 모여 있다는 소문이 블레셋까지 들렸습니다. 아마도 이스라엘 땅에서 첩자 노릇하는 사람이 블레셋에 알려 준 것 같습니다. 대단히 많은 사람이 모였답니다. 그런데 무얼 하는지는 알 수가 없었습니다. 블레셋 사람들은 별별 생각을 다 했습니다. '군대를 조직하나?' 아니면 '특별한 회의를 하나?' 라는 생각도 했구요. 그런데 정보에 의하면 특별히 하는 일도 없답니다. 단순한 신앙 집회랍니다.

블레셋 사람들이 생각해 낸 것이 있습니다. 모여 있는 놈들을 기습 공격하자는 거였습니다. 지금이 '아주 적절한 때' 라고들 이야기했습니다. 그러더니 다섯 대 도시의 장관들이 엄청난 군사를 데리고 미스바로 향하는 거였습니다.

「이스라엘 자손이 미스바에 모였다 함을 블레셋 사람이 듣고 그 방백들이 이스라엘을 치러 올라온지라」(:7상)

은혜의 장소에 찾아오는 불청객이 있습니다.
사탄입니다.
은혜 받는 걸 보지 못하죠.
반드시 그 자리에 찬물을 끼얹어야 속이 시원해 합니다.
은혜 받고 있을 때,
방심하지 마세요!
사탄이 엿보고 있다는 것을.

미스바에 모여 은혜 받고 있었던 이스라엘에게 블레셋 군대가 올라온다는 소식이 들렸습니다. 졸지에 은혜의 장소가 두려움의 장소로 바뀌었습니다. 많은 사람들의 가정이 무방비 상태였구요. 모인 사람들 또한 싸울 수 있는 무기라곤 아무것도 없었습니다. 만일 이대로 블레셋 군대를 맞이하게 된다면 그대로 전멸하기에 딱 좋은 상황이었습니다. 밀려오는 두려움을 막을 길이 없었습니다. 이스라엘 사람들은 사무엘을 불렀습니다. 그리고 진심어린 마음으로 부탁하는 겁니다. 기도해 달라고... 쉬지 말고 기도해 달라고 말입니다.

「사무엘에게 이르되 당신은 우리를 위하여 우리 하나님 여호와께 쉬지 말고 부르짖어 우리를 블레셋 사람의 손에서 구원하시게 하소서」(:8)

전에는 그러지 않았습니다.
두려움의 문제가 오면...
불평과 원망이었습니다.
그런데 여기선 그러지 않습니다.
왜 그럴까요?
어려움이 눈앞에 있는데도 불평과 원망이 아니고
왜 오히려 진지한 기도를 부탁하는 걸까요?
참된 은혜를 받고 있었기 때문입니다.

은혜...
은혜는 두려움을 없애진 않습니다.
그러나 은혜는 불평과 원망을 없앱니다.
우리 입에서 불평과 원망이 있다면

마음이 메말라 있다는 겁니다!
은혜로 마음 새롭게 해야 합니다.
은혜 받는 길
겸손한 마음으로 기도하는 겁니다!

사무엘의 태도는 신중했습니다. 젖 먹는 어린 양(아마도 난지 8일 된 양일 겁니다) 한 마리를 가져오게 하였습니다. 그러더니 그 양을 통째로 잡아 하나님께 제물로 태워 드리는 겁니다. 그리고 하늘을 향하여 간절하게 부르짖으며 기도하네요.

"하나님이시여! 블레셋으로부터 이스라엘을 구원해 주소서!"

모여 있던 사람들도 사무엘을 따라 함께 기도했습니다.

"하나님이시여! 블레셋으로부터 우리를 구원해 주소서!"

블레셋 군사들이 가까이 왔다는 소식이 왔습니다. 그러나 당황하지 않고 계속 기도했습니다. 할 수 있는 것은 오직 기도뿐이었습니다. 저들은 사무엘과 더불어 아주 간절하게 기도하였답니다.

제물 된 어린 양의 타는 냄새가 진동하고 있었습니다. 그 냄새와 더불어 백성들의 기도가 하늘로 올라가고 있었습니다. 하늘이 어두워지기 시작하는 겁니다. 아니 어둠이 삽시간에 밀려왔습니다. 그러더니 전에 보지 못한 날카롭고 매서운 번개가 하늘과 땅을 가르는 겁니다. 순식간이었습니다. 공포였습니다. 그러더니 천둥 소리가 하늘과 땅을 깨드렸답니다.

미스바에서 기도하고 있던 이스라엘 사람들에게는 물론이었지만 블레셋 사람들에게는 마치 날벼락을 맞을 것과 같은 두려움이었습니다. 블레셋 군사마다 불안함으로 인해 앞으로 전진해 갈 수 없었답니다. 한 사람씩 주춤거리더니 도망하기 시작하는 겁니다.

「사무엘이 젖 먹는 어린 양을 취하여 온전한 번제를 여호와께 드리고 이스라엘을 위하여 여호와께 부르짖으매 여호와께서 응답하셨더라 사무엘이 번제를 드릴 때에 블레셋 사람이 이스라엘과 싸우려고 가까이 오매 그날에 여호와께서 블레셋 사람에게 큰 우뢰를 발하여 그들을 어지럽게 하시니 그들이 이스라엘 앞에 패한지라」(:9-10)

간절히 기도하던 이스라엘 사람들은 천둥과 번개에 놀라 정신 없이 도망가는 블레셋 사람들을 보았습니다. 그것을 보던 누군가가 소리를 질렀습니다.

"하나님이 우리에게 승리를 주셨다! 블레셋 놈들이 도망간다! 따라가서 저놈들을 잡아야 하지 않겠는가?"

이스라엘 사람들의 사기가 하늘을 찌르고 있었습니다. 모두가 소리를 지르면서 도망가는 블레셋 군사를 쫓았습니다. 블레셋 사람들은 더 놀라서 자신들이 가지고 온 무기들을 버리고 달려 도망하는 겁니다. 미스바에서 나온 이스라엘 사람들은 저들이 버리고 간 말에 올라 탔습니다. 그리고 블레셋 사람들이 버리고 간 무기를 취해 추격하기 시작했습니다.

무방비 상태로 도망하던 블레셋 사람들... 이스라엘의 칼에 맞았습니다. 이스라엘 사람들은 벧갈이라는 곳까지 추격하여 블레셋 사람들을 공격했답니다. 대단한 기적, 그리고 승리였습니다.

「이스라엘 사람들이 미스바에서 나가서 블레셋 사람을 따라 벧갈 아래에 이르기까지 쳤더라」(:11)

❹ 7:12~14
증거물

예상하지 못한 블레셋의 침략을 이스라엘의 군사력으로 방어를 한다는 것은 쉬운 일이 아닌 것은 물론이요 뻔히 패할 수밖에 없는 싸움입니다. 그런데 하나님을 의지했더니 하나님께서 완전한 승리를 주셨습니다. 하나님의 도우심을 경험한 것입니다. 이것을 잊으면 안 됩니다. 그래서 돌을 증거물로 삼았습니다. 그리고 그 돌을 "에벤에셀"이라고 명명(命名)했습니다. '여기까지 하나님이 우리를 도우셨다' 는 신앙의 고백이었답니다.

사람들은 지나가다가도 이 돌을 보면 말합니다.

"이스라엘이 미스바에 모여서 회개와 부흥 집회를 할 때
블레셋이 갑자기 쳐들어 왔는데...
하나님이 천둥 번개를 보내셔서
블레셋으로 하여금 도망하게 했다는구먼...
그리고 그 증거물로 이 돌을 세운 것이래..."
돌을 보면 하나님이 베푸신 능력과 은혜가
생각나게 되어 있습니다.

돌... 되세요.
하나님 살아 계심의 증거의 돌 되시자구요.
베드로... 살아 있는 증거의 돌 역할 잘했답니다.
바울도 그랬구요.
하나님의 살아 계심에 대한 증거들이
성도에게서 나타나야 한답니다.

블레셋 사람들 하나님의 살아계심을 경험했습니다. 자연을 움직이시는 하나님, 사무엘을 통하여 일하시는 하나님을 경험한 겁니다. 그래서 블레셋은 사무엘이 있는 한 이스라엘을 쳐들어 올 엄두를 내지 못한 것이지요!

「여호와의 손이 사무엘의 사는 날 동안에 블레셋 사람을 막으시매...」(:13하)

이스라엘이 범죄함으로 블레셋에게 빼앗겼던 성읍들이 있었습니다.

그런데 사무엘 때에 하나씩 하나씩 다시 찾았답니다. 이스라엘 땅에 평화가 다시 시작되었답니다.

「블레셋 사람이 이스라엘에게서 빼앗았던 성읍이 에그론부터 가드까지 이스라엘에게 회복되니 이스라엘이 그 사방 지경을 블레셋 사람의 손에서 도로 찾았고 또 이스라엘과 아모리 사람 사이에 평화가 있었더라」(:14)

사무엘, 어려서부터 하나님께 드려진 사람…
말에 실수가 없던 사람…
그래서 존경받던 사람이랍니다.
천부적으로 그렇게 된 것이 아닙니다.
유아 때 어머니를 떠나야 하는 아픔 겪었구요.
실로 성전에서 못된 제사장들에게
구박받으며 살아야 했답니다.
그러나 사무엘 뒤에
기도하는 어머니가 있었음을 잊으면 안 됩니다.
그렇게 자란 사무엘…
깊은 곳에서 흘러나오는 권위를 가지고
이스라엘을 다스렸네요.
그가 다스리는 동안 이스라엘은 물론
주변 국가에서도 함부로 하지 못했답니다.
사무엘을 본 받으세요!
사무엘 같은 인물이
우리 자녀들 가운데 있길 바랍니다.

❺ 7:15~17
사무엘의 목회 일지

그는 사람들을 다스리는 일로 평생을 살았습니다. 벧엘과 길갈 그리고 미스바를 오가면서 재판도 했고 하나님의 말씀을 가르치기도 했고 하나님 섬기는 일을 지도하기도 했습니다. 그러나 그에게 평안을 주는 안식처는 라마였습니다. 그곳은 아마도 노모(老母)께서 계셨을 겁니다. 젖을 뗀 후에 실로 성전에 보내졌던 사무엘이었습니다. 그 때는 엄마 한나가 얼마나 보고 싶었는지 모릅니다. 일 년 내내 엄마가 오기만을 기다리면서 눈물로 살던 사무엘의 어린 시절이었습니다. 사무엘이 성인이 되어 제사장 노릇을 하게 되었을 때도 어머니의 사랑… 그리웠습니다. 그래서였을까요? 후에는 라마에 자신의 삶의 처소를 만듭니다. 목회의 바쁜 일정 속에서도 사무엘은 어머니가 계신 라마로 향하는 발걸음은 미루지 않았습니다. 그리고 그곳에서 단을 쌓았습니다. 허리가 굽고 제대로 거동을 못하시고 잘 듣지도 못하시는, 그러나 자신을 하나님의 신실한 종으로 만들기 위해 평생 기도하신 노모(老母) 한나를 부축하면서 어머니와 함께 드리는 예배, 그렇게도 엄한(?) 사무엘의 행복이었습니다.

「사무엘이 사는 날 동안에 이스라엘을 다스렸으되 해마다 벧엘과 길갈과 미스바로 순회하여 그 모든 곳에서 이스라엘을 다스렸고 라마로 돌아왔으니 이는 거기 자기 집이 있음이라 거기서도 이스라엘을 다스렸으며 또 거기 여호와를 위하여 단을 쌓았더라」(:15–17)

기록할 게 없는 사람들이 있습니다.
에녹, 하나님과 동행하다가…
노아, 당대의 의인이었더라…
이삭…
사무엘…
오래 산 사람들인데도 기록할 게 없습니다.
언제나 마음과 뜻을 다해
하나님께 순종만 했기 때문이랍니다.
하나님 말씀에 고집부리지 않았습니다.
반항도 하지 않았습니다.
곁길로도 가지 않았습니다.

그냥 순종한 사람들입니다.

그래서 저들에 대한 기록은

길지도 않고 요란하지도 않습니다.

하나님 잘 섬긴 것뿐이기 때문입니다.

우리에 대한 기록...

'예수 잘 믿는 사람이었다' 한마디라면 얼마나 행복할까요!

❻ 8:1~9
사무엘의 고통

사무엘이 늙었습니다. 그는 평생 벧엘과 길갈, 미스바, 그리고 라마에서 사사 역할을 수행했습니다. 그의 사역은 하나님을 기쁘시게 하는 사역이었답니다. 이스라엘 내치(內治)에 성공했을 뿐만 아니라 외치(外治)에 있어서도 완벽하게 성공했습니다. 국내적으로는 아무런 문제가 없었고 블레셋도 얼씬거리지 못하였습니다.

그런데 사무엘에게도 힘든 일이 있었습니다. 사무엘에게 흠 잡히는 일이 생겼습니다. 자식들로 인한 문제였습니다. 사무엘에게는 자식에 관한 지울 수 없는 기억이 있습니다. 엘리 제사장과 그의 자식들 홉니와 비느하스에 관한 기억입니다. 그런데 사무엘에게도 자식으로 인한 문제가 발생한 것입니다.

「그 아들들이 그 아비의 행위를 따르지 아니하고 이(利)를 따라서 뇌물을 취하고 판결을 굽게 하니라」(:3)

다른 일에는 큰 소리를 칠 수 있었습니다만 사람들의 입에서 아들들에 관한 이야기만 나오면 사무엘은 할 말이 없었습니다. 그래서 사람들이 자신의 자식에 관해서는 말하지 않기를 얼마나 바랐는지 모릅니다. 대화 중에 화제가 자식에 대한 것으로 바뀔 때면 사무엘은 슬그머니 그 자리를 떠났답니다.

사무엘의 평생 사역에 대한 결론…
엘리와 같이 비참하게
결론 내려질 것이 아닌가 하는 생각이 듭니다.
문제는 사무엘 자신의 고민입니다.
평생 최선을 다해 하나님의 사사로 살려고 노력했는데
가정을 보니 엘리의 가정과 비슷한 입장입니다.
"실패한 사역인가?" 사무엘의 고통입니다.

사무엘의 약점을 빌미로 해서 이스라엘의 장로들이 정상회담을 요청합니다(:4–5).

"… 당신은 늙고"

이 말에서 그치기를 간절히 바랐습니다. 더 이상 다른 말은 하지 않으면 좋겠습니다. 그런데… 드디어 사무엘의 기력을 빼는 말을 합니다.

"당신의 아들들은…"

이 말을 듣는 순간, '아들들' 이라는 말을 듣는 순간 사무엘은 허리가 끊어지는 것 같았습니다. 숨이 막히는 것 같았습니다.

사무엘도 알고 있습니다. 자기 아들들의 행위 말입니다. 사람들이 이 약점을 가지고 수군거립니다. 사무엘의 아들들로서는 나라가 안 될 것이기에 새로운 지도자를 세워야겠다고 말입니다. '열방과 같은 왕' 말입니다. 장로들은 신앙적인 점잖은 언어(?)를 가지고 자신들 속의 악한 마음을 감추고 나타났답니다.

「그에게 이르되 보소서 당신은 늙고 당신의 아들들은 당신의 행위를 따르지 아니하니 열방과 같이 우리에게 왕을 세워 우리를 다스리게 하소서 한지라」(:5)

사무엘은 저들의 속마음을 알고 있었습니다. 그러나 저들이 내세운 명분, '당신의 아들들은…' 이라는 말 때문에 아무런 힘을 쓸 수 없었답니다. 아무런 말도 할 수 없었습니다. 그래서 한 마디도 못하고 하나님께 기도할 뿐이었습니다.

「…그것을 사무엘이 기뻐하지 아니하여 여호와께 기도하매…」(:6하)

하나님께 기도하는 사무엘의 마음이 무겁습니다. 자식들로 인하여 늘 고민해 왔는데… 자식들로 인해 힘을 쓸 수 없기 때문이었습니다. 그래서 이스라엘 장로들의 요구와 태도가 옳지 않음을 알면서도 한 마디 못했답니다. 말 못하고 기도만 했답니다. 무기력했답니다. 자식들 때문에…

자식, 맘대로 되지 않는 거네요.
누군가가 말했습니다.
하나님이 자식을 주신 이유는
이 세상에 자기 마음대로 안 되는 것이
있음을 알게 하기 위함이라고.
내 피를 받고 내 속에서 나온 자식인데도
내 마음대로 되지 않는 것…
할 수 없답니다.
하나님께서 그 마음을 움직이시고
하나님께서 통제해 주시기만을
기도할 수밖에 없는 겁니다.
자녀 양육… 정말 힘든 거랍니다.

사무엘의 고민이 이만저만 아니었습니다. 그렇게 자식을 키운 것에 대한 하나님의 평가를 받게 되는 순간이라는 생각이 들기도 했습니다. 기도하면서도 계속 엘리 제사장의 말년(末年) 생각이 짓누르고 있네요.

하나님의 응답은, 사무엘이 혹시나 엘리 제사장과 같은 책망의 말 듣지 않을까 하는 염려의 말씀이 아니었습니다. 아니 하나님은 자식들에 대한 고통 중에 있는 사무엘에게 자식에 관한 말씀은 한마디도 하지 않으셨습니다. 오히려 이스라엘 장로들의 찾아와서 큰소리치며 왕을 달라고 요청한 것에 대한 하나님의 판단과 입장만을 알려 주셨답니다.

「여호와께서 사무엘에게 이르시되 백성이 네게 한 말을 다 들으라. 그들이 너를 버림이 아니요 나를 버려 자기들의 왕이 되지 못하게 함이니라」(:7)

아들들로 인한 모욕감을 느꼈습니다.
이스라엘 장로들에게 말입니다.
그러나 아무 말도 할 수 없는 부끄러운 입장이었습니다.
하나님께서는 어떻게 말씀하실까에 대한
두려움도 있었습니다.
그러나 하나님은 사무엘을 비참하게 하지 않으셨답니다.
사람들은 자식 문제를 가지고 사무엘을 무기력하게 했지만
하나님은 사무엘이 자신 없어하는 자식 문제가
(엘리 제사장과는 달리)
사무엘의 잘못이 아님을 알려 주신 겁니다.
하나님의 말씀은
사무엘을 여전히 사랑하시고 귀하게 여기신다는
암시였던 겁니다.

자식 때문에 고통을 겪는 사람이 많이 있습니다.
열심히 살아왔는데도 자식 농사를 망친 것으로 인해
자신 없는 삶을 사는 사람이 있습니다.
신앙생활도 나름대로는
최선을 다하면서 열심히 살아왔는데 말입니다.
교회에서도 열심히 봉사하고
중책을 맡아 일하고 있는데 말입니다.
자식 농사를 망친 사람…
언제나 무슨 큰 죄를 진 사람처럼 고개를 숙입니다.
그럴 수도 있답니다.
엘리 같은 경우라면 분명 부모의 잘못입니다.
그러나 사무엘 같은 경우라면
하나님이 그 아픔을 알고 계십니다.
염려하지 말고 확인할 것이 있습니다.
자식이 잘되고 못되고 문제가 아니라
지금 우리는 사무엘처럼 하나님을 사랑하고
하나님으로부터 인정을 받고 있느냐 하는 것
그것이 중요합니다.
자식 농사…
우리를 하나님 앞에서 어떤 평가를 받게 하는
기준이 아닙니다.
그러므로 염려는 주님께 맡기고 하나님을 사랑하세요.
지금은 자식 때문에
혹 기를 펴지 못하는 입장에 있을지 모르지만

사무엘처럼...
사무엘을 인정하신 하나님께서
당신을 인정하시기를 바랍니다.

이스라엘 사람들...
사무엘의 약점을 이용해서
마치 이스라엘을 걱정하는 착한 사람인 것 같이 말했답니다.
자신들의 속을 감추려고 했습니다만
하나님은 이스라엘 사람들이
왜 왕을 세우려고 하는지를 알고 계셨습니다.
하나님은 인간의 말장난에 속아 넘어 가지 않으셨답니다.

하나님은 마음을 감찰하시는 분이시랍니다.
하나님은 속지 않으시는 분이십니다.
하나님께는 마음을 감출 수가 없습니다.

우리는 하나님보다 더 똑똑한 척 하지는 않는지요?
속에 있는 것을 감추고 말장난을 하면서
악을 합리화하고 있지 않은가요?
사람의 약점을 잡아 교묘한 명분을 만들어
자신의 뜻을 관철시키려는 이스라엘 장로들처럼 말입니다.
하나님은 그것에 속아 넘어가는 분이 아닙니다.

하나님의 말씀이 계속되었습니다. 사무엘의 아들들을 빌미로 찾아 온 이스라엘 장로들에 대한 하나님의 평가였습니다. 못된 마음을 가진 놈들이라는 겁니다. 과거에 감사할 줄 모르고 핑계만 대던 조상들과 똑같은 마음을 가진 완악한 놈들의 음흉한 행동이라고 말씀하십니다.

「내가 그들을 애굽에서 인도하여 낸 날부터 오늘날까지 그들이 모든 행사로 나를 버리고 다른 신들을 섬김같이 네게도 그리하는도다」(:8)

하나님의 음성은 이스라엘 장로들에 대한 불쾌함을 가지고 말씀하시는 겁니다. 왕을 세우고 나면 어떤 일이 일어날지를 말해주라는 음성이었습니다.

「그러므로 그들의 말을 듣되 너는 그들에게 엄히 경계하고 그들을 다스릴 왕의 제도를 알게 하라」(:9)

7 8:10~18

기다리지 못한 사람들

오래 전, 하나님의 약속이 있었습니다.

이스라엘 나라에도 왕을 세울 것이라는. 애굽에서 탈출하여 가나안 땅으로 오던 중에 받은 약속들 가운데 하나였습니다. 그 말씀이 신명기에 기록되어 있답니다. 그런데 이스라엘 사람들은 기다리지 못하고 악을 행하고 있었던 겁니다.

「네가 네 하나님 여호와께서 네게 주시는 땅에 이르러서 그 땅을 얻어 거할 때에 만일 우리도 우리 주위의 열국(列國)같이 우리 위에 왕을 세우리라는 뜻이 나거든 반드시 네 하나님 여호와의 택하신 자를 네 위에 왕으로 세울 것이며 네 위에 왕을 세우려면 네 형제 중에서 한 사람으로 할 것이요 네 형제 아닌 타국인을 네 위에 세우지 말 것이며 왕 된 자는 말을 많이 두지 말 것이요 말을 많이 얻으려고 그 백성을 애굽으로 돌아가게 말 것이니 이는 여호와께서 너희에게 이르시기를 너희가 이후에는 그 길로 다시 돌아가지 말 것이라 하셨음이며 아내를 많이 두어서 그 마음이 미혹되게 말 것이며 은금(銀金)을 자기를 위하여 많이 쌓지 말 것이니라. 그가 왕위에 오르거든 레위 사람 제사장 앞에 보관한 이 율법서를 등사(謄寫)하여 평생에 자기 옆에 두고 읽어서 그 하나님 여호와 경외하기를 배우며 이 율법의 모든 말과 이 규례를 지켜 행할 것이라. 그리하면 그의 마음이 그 형제 위에 교만하지 아니하고 이 명령에서 떠나 좌로나 우로나 치우치지 아니하리니 이스라엘 중에서 그와 그의 자손의 왕위에 있는 날이 장구하리라」(신 17:14-20)

이스라엘은 기다리지 못한 겁니다.
아니 기다리지 않은 거랍니다!
이스라엘의 잘못은 기다리지 못함으로 시작합니다.
우리의 실수의 시작은
하나님의 약속으로 인해 앞으로 있을 일에 대한
기다리지 못함으로부터 시작할 때가 많이 있습니다.
조급해하지 마십시오.
하나님의 말씀은 하나님이 정하신 때에 이루어집니다.
하나님이 정하신 때보다도 일찍 이루려하면
부작용이 생길 뿐입니다.

하나님의 시간표보다 먼저 가게 되면, 아들들에게 문제가 생긴답니다. 강제로 군대에 가야 한답니다.

「...그가 너희 아들들을 취하여 그 병거와 말을 어거케 하리니 그들이 그 병거 앞에서 달릴 것이며」(:11)

사람과 사람 사이에 계급이 생긴답니다. 지금까지는 없었던 지배자와 피지배자의 갈등이 시작될 거라는 겁니다.

「그가 또 너희 아들들로 천부장과 오십 부장을 삼을 것이며 자기 밭을 갈게 하고 자기 추수를 하게 할 것이며 자기 병거와 병거의 제구를 만들게 할 것이며」(:12)

딸들에게도 문제가 생긴답니다. 일을 시킬거라네요.

「그가 또 너희 딸들을 취하여 향료 만드는 자와 요리하는 자와 떡 굽는 자를 삼을 것이며」(:13)

왕이 재산은 물론 가지고 있는 것의 모든 것 중에서 일부를 빼앗아 갈 거랍니다.

「그가 또 너희 밭과 포도원과 감람원의 제일 좋은 것을 취하여 자기 신하들에게 줄 것이며 그가 또 너희 곡식과 포도원 소산의 십일조를 취하여 자기 관리와 신하에게 줄 것이며 그가 또 너희 노비와 가장 아름다운 소년과 나귀들을 취하여 자기 일을 시킬 것이며 너희 양떼의 십분 일을 취하리니 너희가 그 종이 될 것이라」(:14-17)

하나님의 마음이 무척이나 섭섭하셨는가 봅니다. 왕으로 인해 문제가 생기면... 그래서 하나님께 도움을 구한다 하더라도 그땐 하나님이 도와주지 않으실 거라네요!

「그날에 너희가 너희 택한 왕을 인하여 부르짖되 그날에 여호와께서 너희에게 응답지 아니하시리라」(:18)

8 8:19~22

하나님의 경고를 무시한 사람들

"백성이... 말 듣기를 거절하여..."

이스라엘 사람들은 사무엘의 약점을 무기 삼아 자신들의 의견과 욕심을 관철시키려고 했습니다만 사무엘은 이스라엘 사람들이 생각한 것처럼 그렇게 약하지 않았습니다. 이스라엘 장로들은 사무엘로 하여금 피할 수 없도록 치밀한 작전을 짰습니다만 사무엘은 자신의 약점 때문에 하나님의 뜻을 말하지 못하는 비굴한 사람이 아니었습니다. 자신의 약점은 약점이고 자신의 사명은 사명이었습니다. 그래서 하나님의 말씀을 받고 담대하게 전한 것입니다.

사탄은 우리의 약점을 잘 알고 있습니다.
그 약점을 이용하여
우리로 하여금 사명을 감당하지 못하게 할 것입니다.
그러나 결코 사탄의 가로막음에 휘청거리지 마십시오.
담대하게 하나님의 일을 하십시오.
사탄은 우리의 약점을 붙잡고
자신의 뜻을 이루고자 하는 것뿐이랍니다.
그러므로 사명자는 사탄의 소리에 마음 약해지지 말고,
그래서 약하게 쩔쩔매지 말고
담대하게 하나님의 뜻을 행해야 합니다.

이스라엘 장로들은 무척이나 놀랐습니다. 사무엘이 자신들의 요구를 거절했기 때문입니다. 자식들의 불량함을 미끼로 물러나라 하고 대신 왕을 세우겠다 하면 혹 탐탁하지는 않아도 곱게 물러날 줄 알았는데 전혀 그렇지 않았기 때문입니다.

이스라엘 장로들에게 하나님의 뜻은 중요하지 않았습니다. 나라를 생각하는 것 같은 제스처로 왕을 세우겠다는 뒤에는 자기들이 원하는 왕을 세워 권력을 쥐겠다는 속마음이었죠. 그러기에 사무엘이 하나님의 음성을 듣고 말한다 하더라도 자신들의 뜻이 아니면 듣지 않을 것을 결심하고 있었던 겁니다.

「백성이 사무엘의 말 듣기를 거절하여 가로되 아니로소이다」(:19)

왜? 왕을 세우려 했을까?

하나님 모르는 사람들의 제도,

「화려함」이 멋있어 보였는가 봅니다.

「인생을 지킴」이 사람에 의해서라고 생각했는가 봅니다.

「보이는 것」이 하나님을 대신할 수 있다고

속삭이는 사탄에게 속은 것이지요.

혹 우리는 이미 결정해 놓고

하나님의 사인만을 기다리고 있는 것은 아닌가요?

이미 결정해 놓고

형식적인 기도를 하고 있지는 않은가 하는 말입니다.

무척 경건해 보이는 행위(?) 점잖아 보이는 행위(?)이지만

자신의 뜻과 다른 응답이라면

거절할 마음이 아닌가 하는 겁니다.

그렇게 하지 마세요.

결정해 놓았지만

하나님께 진지하고 진지하게 물어보시구요

하나님의 응답이 어떻게 내려지든지

감사하세요.

그것이 하나님을 기쁘시게 하는 성도의 자세랍니다!

「우리도 열방과 같이 되어 우리 왕이 우리를 다스리며 우리 앞에 나가서 우리의 싸움을 싸워야 할 것이니이다」(:20)

이것이 이스라엘 사람들의 진심이었습니다.
하나님께 다스림 받기를 싫어하고 있었다는 속마음
이 악함을 감추고 점잖게 나타났지만
사무엘의 약점을 잡아 신앙적으로 나타났지만
하나님은 속지 않으셨습니다!

우리의 뜻이 이루어지기를 그렇게도 바라는 이유가 뭘까요?
주님을 위해서라고 말하곤 합니다.
진정 하나님의 영광을 위한 것일까요?
그러기를 바랍니다.
그러나 그렇지가 않고
혹 나의 영광을 위한 불순물(?)이 있다면
마음을 정결케 하세요.
(진정 주님을 위한 것은
내가 기대하지 않는 방향으로 인생이 굽어진다 하더라도
흔들리지 않고 감사하는 것,
그것이 주님께 기쁨을 드리는 거랍니다!)

왕을 원하지 않는다는 하나님의 뜻을 사무엘이 알고 있었습니다. 그러나 이스라엘 장로들의 고집 또한 완강했습니다. 그래서 사무엘은 고민하다가 이스라엘 장로들에게 잠시 기다리라고 해 놓고 하나님께 엎드려 기도했답니다.

「사무엘이 백성의 모든 말을 듣고 여호와께 고하매」(:21)

기도하는 중에 하나님의 음성이 또렷하게 들려왔습니다.

"사무엘, 이스라엘 장로들의 말을 듣거라. 그들의 요구대로 왕을 세우도록 하거라."

왜 하나님은 끝까지 거절하지 않으셨을까요?
호세아 13:11에서 해답을 찾을 수가 있습니다.

「내가 분노하므로 네게 왕을 주고...」

이스라엘 사람들은 어떤 합리적인 말이나
혹은 분명한 이유를 가르쳐 준다 하더라도
그리고 어떤 방법으로 설득한다 하더라도
왕을 세우겠다는 의지를 결코 굽히지 않을 겁니다.
옳고 그른 것의 문제가 아니라
자신들의 기분을 맞춰야 한다는 의지를
관철시키려는 겁니다.

이것은 위험한 것이지요.
자신을 죽여야 합니다.
내가 살아있는 한 나의 기분과 생각이
언제나 기준이기 때문입니다.
내가 죽고 그리스도께서 내 속에 사시도록 해야만 합니다.

그때에야 하나님의 뜻을 따라 바르게 살 수 있는 거랍니다.

바울의 신앙 고백을 들어 봅시다.

「내가 그리스도와 함께 십자가에 못 박혔나니 그런즉 이제는 내가 산 것이 아니요 오직 내 안에 그리스도께서 사신 것이라. 이제 내가 육체 가운데 사는 것은 나를 사랑하사 나를 위하여 자기 몸을 버리신 하나님의 아들을 믿는 믿음 안에서 사는 것이라」(갈 2:20)

9 9:1~2
이스라엘이 원하는 스타일의 왕

이스라엘 장로들의 고집은 왕 세울 것을 허락 받고 돌아갔습니다. 백성들을 위한다는 것은 표면적인 명분일 뿐 분명 자기들이 마음대로 휘두를 수 있는 권력을 가지려는 꿍꿍이가 있었겠죠. 이런 장로들의 음모도 모르고 이스라엘의 서민들은 왕을 세우게 되었다는 데 좋아했습니다.

하나님은 이스라엘 사람들이 기대하는 왕의 스타일을 알고 계셨습니다. 만일 이스라엘 사람들의 구미(口味)에 맞지 않는 왕이라면 저들은 또 다시 장로들을 시켜 사무엘을 찾아 원망할 것이고 다른 왕을 달라고 하겠죠. 어쩌면 장로들도 자신들이 추천한 왕이 아니면 백성들을 빌미로 원망할 것이 분명했습니다. 사실은 하나님을 향한 것이겠지만 원망하면서 사무엘을 힘들게 할 것이 분명합니다. 그래서 하나님은 저들로 하여금 두 말하지 못하도록 저들이 만족할 만한 사람을 왕으로 선택하셨답니다.

이스라엘에 왕이 세워질 거라는 뉴스가 삽시간에 전국으로 퍼져나갔습니다. 사람마다 가정마다 모임마다 왕에 대한 자신들의 의견을 말하는 것이었습니다. 열띤 논쟁(?)은 전국을 무척이나 흥분시켰답니다. 기다리는 왕에 대해 이스라엘 사람들과 장로들의 생각을 모아 보았습니다. 일단은 정통 이스라엘 백성들 가운데서 나와야 했습니다. 일반 사람들보다는 부유한 집안이어야 하겠고 마을에서도 존경을 받는 집안이어야겠죠. 그래야 돈을 쓸 것이라는 생각들을 하기 때문이었습니다. 머리가 비상하여 똑똑하다는 소리를 들어야 하구요. 남을 배려할 줄 아는 덕망 있는 사람이라는 칭찬도 들어야 했습니다. 연령도 고려해야 했습니다. 너무 나이가 들었으면 고리타분하고 전쟁도 못할 것이기에 젊은 사람이길 바랐습니다. 물론 장로들의 생각에 늙은이가 왕이 된다면 다루기 곤란하다는 나름대로의 계산도 있었겠구요. 그렇다고 아주 어린 사람을 세울 수는 없었겠죠. 무엇보다 외모도 중요했습니다. 잘생긴 것은 물론이고 쳐들어오는 외적과의 싸움에서 앞장 설 수 있는 강한 인상의 풍채도 있어야 한다는 생각이었습니다.

여론... 하나님은 알고 계셨습니다. 그런 사람, 사람들이 생각하는 그런 사람, 하나 있었습니다. 사울이라고 하는 부잣집 아들이었습니다. 베냐민 사람이구요. 아버지는 기스라고 하는데 꽤 부자였고 마을에서도 칭찬 듣는 어른이었답니다. 사울은 어려서부터 영특하다는 소리를 들었지요. 아니 이스라엘 중에서 가장 머리가 좋은 아이라는 칭찬은 물론 소문이 있었습니다. 덩치도 좋았습니다. 부잣집 아들이라 잘 먹어서 그런지 보통 사람보다 키가 어깨정도는 더 컸답니다. 그의 나이는 40세가 조금 안 되었답니다.

「베냐민 지파에 기스라 이름하는 유력한 사람이 있으니… 베냐민 사람이더라 기스가 아들이 있으니 그 이름은 사울이요 준수한 소년이라 이스라엘 자손 중에 그보다 더 준수한 자가 없고 키는 모든 백성보다 어깨 위는 더하더라」(:1–2)

「준수한 자」

「준수한 자」, 영어로 번역된 것을 보면 「handsome man」(NASB), 「impressive young man」(NIV)으로 되어 있습니다. 사울은 무척이나 매력적인 외모를 가진 것 같네요.

⑩ 9:3~27

사울의 사생활

사울의 아버지는 부자였습니다. 얼마 전 베냐민 지파는 쑥밭이 되었었습니다. 제사장의 첩을 죽인 이유로 다른 지파 사람들이 공격했기 때문이었습니다. 그 결과 겨우 600명의 사람들이 베냐민 지파의 명맥을 이어가고 있었던 겁니다.

그래서 그런지 베냐민 사람들은 악착같이 살았답니다. 특히 사울의 아버지 기스는 정치적 수단이 좋아서 그런지 다른 형제들이 망할 때에도 재산을 유지하고 있었지요. 물론 나름대로는 열심히 살아서 부를 유지하고 있었답니다. 기스의 아들 사울 역시 아버지와 함께 열심히 살고 있었습니다.

그런데 그 집안에 귀찮은 일이 하나 생겼습니다. 집안의 부를 상징하는 재산 중에 하나인 나귀들을 잃어버린 겁니다. 이 일로 인해 집안이 발칵 뒤집혔고 걱정이 이만저만 아니었습니다.

기스는 늙었고 아들 사울은 유산을 물려받아 가문을 이을 사람입니다. 기스는 아들 사울을 불러서 어떻게 해서라도 나귀들을 찾아야겠다고 말했습니다. 기스가 잃어버린 나귀로 인해 무척이나 속상해 하고 있었습니다. 그래서 아들 사울에게 잃어버린 나귀들을 찾아보도록 한 겁니다.

「사울의 아비 기스가 암나귀들을 잃고 그 아들 사울에게 이르되 너는 한 사환을 데리고 일어나 가서 암나귀들을 찾으라 하매」(:3)

사울도 잃어버린 나귀들을 찾아야 한다는 것을 알고 있었기에 사환 한 사람을 데리고 나귀를 찾으러 나섰습니다. 여기 저기 여러 지역에까지 가서 나귀들을 찾았습니다. 그런데 그러한 수고에도 불구하고 헛수고일 뿐이었습니다. 정말 귀찮은 일이었습니다.

「그가 에브라임 산지와 살리사 땅으로 두루 다니되 찾지 못하고 사알림 땅으로 두루 다니되 없고 베냐민 사람의 땅으로 두루 다니되 찾지 못하니라」(:4)

사울, 참 착한 사람이네요.
아버지를 위해 귀찮은 일을 마다하지 않고 하기 때문입니다.
착함은 '부모에게 어떻게 대하느냐' 에서부터 출발한답니다.
좋은 일, 편한 일만을 하는 게 아니구요

싫은 일, 귀찮은 일이지만
부모님을 기쁘시게 하는 일이라면
하는 겁니다.
그런 사람을 효자 혹은 착한 사람이라고 하는 겁니다.
부모님의 마음을 헤아려 기쁨을 드리는 자녀가 됩시다!

사울과 사환이 나귀를 찾기 위해 집을 나선 지가 며칠이 되었습니다. 나귀들을 찾는 일이 오래되자 사울은 아버지와 가족이 자신들을 걱정할까 하는 생각을 하게 되었습니다. 그래서 돌아가기로 마음을 먹었습니다. 그러나 잃어버린 나귀들이 워낙 큰 재산이라 그냥 돌아가기는 너무도 아쉬웠습니다.

「그들이 숩 땅에 이른 때에 사울이 함께 하는 사환에게 이르되 돌아가자 내 부친이 암나귀 생각은 고사하고 우리를 위하여 걱정하실까 두려워하노라」(:5)

사울과 함께 나귀를 찾으러 갔던 사환이 사울에게 말했습니다. 들은 말이라고 하면서... 지금 자신들이 있는 이 성(城) 안에 사람들에게 존경을 받는 하나님의 사람이 있답니다. 신통한 능력이 있답니다. 혹시 그 사람에게 나귀에 대해서 물으면 알려 줄 수도 있지 않겠냐는 겁니다.

「대답하되 보소서 이 성에 하나님의 사람이 있는데 존중히 여김을 받는 사람이라 그가 말한 것은 반드시 다 응하나니 그리로 가사이다 그가 혹 우리의 갈 길을 가르칠까 하나이다」(:6)

어쨌든 나귀를 포기할 수 없는 터라 사울은 사환의 말에 마지막 기대를 걸어 보기로 했습니다. 사울은 체면상 선지자에게는 빈손으로 가는 것이 걸렸습니다. 마침 사환이 은(銀)을 가지고 있었습니다. 그래서 그 은(銀)을 가지고 선지자에게로 가기로 했습니다.

「사울이 그 사환에게 이르되 네 말이 옳다 가자 하고 그들이 하나님의 사람 있는 성으로 가니라」(:10)

하나님의 사람에게 예물을 드리는 마음...
사랑과 존경을 표하는 방식이랍니다.
고마움... 표현하세요.
선물로도 표하는 겁니다.
인사로도 표하는 겁니다.
웃음으로도 표하는 겁니다.
감사의 말로 표하는 겁니다.
표현하지 않으면 알 수 없잖아요.
표현하세요. 고마움과 감사를...

최선을 다했습니다.
잃어버린 나귀를 찾기 위해서 말입니다.
사울은 참 효자네요.
아버지의 마음을 알고
나귀를 며칠 동안 찾아 나선 것은 물론이요
너무 오랫동안 집을 떠나 있을 때

아버지의 걱정까지 헤아리는 착한 마음이 있으니 말입니다.
그러고도 마지막 희망의 소리를 듣고
최선을 다하는 것을 보니 참 좋은 사람입니다.

마지막 방법으로 하나님의 사람을 찾아갑니다.
우리는 우리의 열심을 다해 살다가
마지막으로 갈 곳이 있습니다.
포기하기 전에 한번 가봐야 할 곳이 있습니다.
주님이신 예수께로 입니다.
그분에게 가면 됩니다.
주님은 우리가 오기를 기다리고 계십니다.
주님에게는 해답과 해결이 있습니다.
사울은 마지막에 갈 형편이었습니다만
우리는 처음부터 주님께로 가는 게 어떨런지요!

귀찮은 일 때문에 하나님의 사람 만나러 갑니다.
귀찮은 일 없었다면 하나님의 사람 찾을 리가 없지요.
귀찮은 일, 축복의 길이랍니다.
귀찮은 일, 은혜의 길이랍니다!

어떻게 해야 선견자를 만날 수 있는지 몰랐습니다. 그런데 물 길러 나온 소녀들을 만난 겁니다. 이 소녀들에게 물었습니다. 이 소녀들은 언제 어디서 선견자를 만날 수 있는지를 자세히 알고 있었습니다. 소녀들이 말했습니다.

"조금 전에 선견자가 이 성으로 들어 왔습니다. 당신들보다 조금 먼저입니다. 선견자가 산당에 가서 제사를 드릴 터인데 지금 열심히 따라가면 만날 수 있습니다."

「그들이 대답하여 가로되 있나이다 보소서 그가 당신보다 앞섰으니 빨리 가소서 백성이 오늘 산당에서 제사를 드리므로 그가 오늘 성에 들어오셨나이다」(:12)

소녀들의 말을 듣고 사울과 사환은 부지런히 성읍으로 가서 산당 가는 길로 향했습니다. 그런데 저 쪽에서 나이 많은 어른 한 분이 오고 계신 겁니다.

「그들이 성읍으로 올라가서 그리로 들어갈 때에 사무엘이 마침 산당으로 올라가려고 마주 나오더라」(:14)

'마침' 이라는 단어가 중요합니다.
이 말은 모든 일이 진행되는 중에
하나님께서 의도하신 목적까지 도달했다는 말입니다.
다시 말하면
사울의 아버지 기스와 사울에게 귀찮은 일이었던 사건이
역사의 맥을 이어가시기 위한
하나님의 섭리였다는 말입니다.

우연이란 없습니다.

우리 가운데 일어나는 모든 일은

하나님의 세밀한 계획 속에서 일어나는 일이랍니다.

참새 한 마리가 두 앗사리온에 팔리는 것에도

하나님의 허락하심이 있어야 한다는 거라고 하셨잖아요.

그렇기에

기대하지 않은 일을 만나도 당황하거나 두려워하지 마세요.

기대했던 일이 일어나지 않았다고 해서 불안해하지 마세요.

하나님이 일하고 계심을 알고 있다면

어떤 상황 가운데서도 감사할 뿐이랍니다.

오고 있는 노인은 사무엘 선지자였습니다. 사무엘은 맞은편에서 오는 젊은 사람 둘이 사울과 그의 사환인 줄 알고 있었답니다. 왜냐하면 어제 하나님께서 사무엘에게 나타나셔서 사울 만날 것을 알려 주셨거든요. 그 만나는 사람이 이스라엘 사람들이 원하는, 그래서 하나님이 선택한 왕이 될 사람이라고 하셨던 겁니다.

「사울의 오기 전 날에 여호와께서 사무엘에게 알게 하여 가라사대 내일 이맘 때에 내가 베냐민 땅에서 한 사람을 네게 보내리니 너는 그에게 기름을 부어 내 백성 이스라엘의 지도자를 삼으라 그가 내 백성을 블레셋 사람의 손에서 구원하리라 백성의 부르짖음이 내게 상달하였으므로 내가 그들을 돌아보았노라 하시더니」(:15-16)

하나님은 당신의 역사의 맥을 이어가시기 위하여
우리들이 이해할 수 없는 일들을 계획하십니다.
어느 때는 우리들의 마음에 꼭 드는 일일 수도 있습니다.
모든 것이 형통할 때가 있다는 말입니다.
그런데 우리들에게 귀찮을 뿐만 아니라
우리들을 어렵게 만드는 때도 있습니다.
그럴 때 우리는 싫습니다.
간혹 너무 힘이 들면 생을 포기하고 싶을 때도 있습니다.
그러나 잠깐 눈을 들어 하나님을 바라봅시다.

하나님께서 당신의 역사의 맥을 이어가시기 위한
하나님의 역할 배치임을 발견하게 될 것입니다.
사람의 눈에는 실패자나 불쌍한 사람일 수도 있습니다만
하나님은 그 사람을 통해서 일하고 계시는 거랍니다.
그렇기에 지금의 상황이 어렵더라도 한탄하지 마세요.
반면에 지금의 상황에
주변 사람들이 박수 치고 칭찬한다 하더라도
승리의 미소를 지으며 우쭐대지 마세요.
단지 어떤 상황과 환경에서든지
하나님의 역사의 맥을 이루어 가는 주인공임을 감사하십시오.
언젠가는 14절 중간에 써 있는 단어
'마침' 이라는 말을
우리의 삶 가운데서 감탄의 단어로 외치게 될 것입니다.

「사울의 오기 전 날에 여호와께서 사무엘에게 알게 하여 가라사대 내일 이맘때에 내가 베냐민 땅에서 한 사람을 네게 보내리니 너는 그에게 기름을 부어 내 백성 이스라엘의 지도자를 삼으라 그가 내 백성을 블레셋 사람의 손에서 구원하리라 백성의 부르짖음이 내게 상달하였으므로 내가 그들을 돌아보았노라 하시더니」(:15-16)

사울 만나기 전날이었습니다.
아마도 24시간 전이었을 것 같습니다.
이스라엘 백성에게 버림받으신 하나님의 말씀이었답니다.
하나님을 왕으로 모시기를 거부하고
이방 사람들처럼 사람을 왕으로 해서 살겠다는
이스라엘 사람들의 고집을 듣고 고민하시고 하신 말씀이랍니다.
16절의 마지막 말씀을 이렇게 다시 번역하고 싶네요.
「...내 백성의 땡깡이 너무 지독하고 타일러도 듣지 않기에 소원을 들어 준다!」

사울을 알아본 사무엘은 착잡했습니다. 마음을 종잡을 수 없었습니다. 다가오는 사울을 보고 있던 사무엘, 하나님이 지시한 사람을 보고 있는데 그 사람 사울이 사무엘에게 묻습니다.

「...선견자의 집이 어디인지 청컨대 내게 가르치소서」(:18하)

「...내가 선견자니라」(:19상)

사무엘은 사울이 아무런 말도 하지 않았는데도 사울이 왜 선견자인 자신을 찾았는지를 말할 것이라고 말합니다.

「네 마음에 있는 것을 다 네게 말하리라」(:19하)

사울은 이 의아(疑訝)한 말을 이해할 수가 없었습니다.

"내가 온 이유를 말해 주겠다니..."

갸우뚱거리며 무슨 말인가를 생각하고 있는데 사무엘의 말이 또 놀라게 했습니다.

「사흘 전에 잃은 네 암나귀들을 염려하지 말라 찾았느니라」(:20상)

사울은 섬뜩했습니다. 자신이 말하지도 않았는데 사무엘이 자신의 문제를 알고 있는 것뿐만 아니라 그 고생하던 나귀 찾는 문제가 해결되었다고 하였기 때문입니다.

"진짜 하나님의 선견자로구나..."

사무엘은 사울과 함께 산당으로 함께 걸었습니다. 한참동안 침묵하던 사무엘이 입을 열어 고요함을 깼습니다. 아니 사울의 마음을 깼답니다.

"요즘 이스라엘이 왕을 선출한다는 소문으로 말들이 많지?"

사무엘의 말이었습니다. 사울은 사무엘의 말에 그렇다고 응수했답니다. 사무엘은 또 한참동안 생각하면서 걸었습니다. 그러더니…

"이보게 사울! 이스라엘 사람들이 뽑고자 하는 스타일의 왕이 어떤 사람인 줄 아는가?"

"글쎄요?"

사울은 뭐라고 이야기하고 싶었지만 어르신 앞에서 조용한 것이 낫겠다 싶어 말꼬리를 흐렸습니다.

"이스라엘이 바라는 왕은 자네 같은 사람이고 자네 집안과 같은 명망 있는 집안이라네…"

사무엘 역시 말꼬리를 흐리더니 서둘러 앞장섰답니다.

「온 이스라엘의 사모하는 자가 누구냐 너와 네 아비의 온 집이 아니냐」(:20하)

하나님은 사무엘에게
이스라엘의 왕이 될 인물임을 가르쳐 주셨습니다.
그리고 그를 만나게 하셨습니다. 사울입니다.
사무엘은 하나님께서
왜 사울을 지명하셨는지를 알고 있었습니다.
사람들이 기대하는 스타일이기 때문입니다.
(그것은 하나님이 원하시는
스타일의 왕이 아니라는 말이기도 합니다.)

만일 이스라엘에게
하나님이 좋아하시는 스타일의 왕을 준다면

이스라엘 사람들은 분명 거부할 것임을 알고 있었습니다.
그래서 하나님 스타일이 아니라
이스라엘 사람들이 원하는
스타일의 왕을 주고 계시는 겁니다.
그래서 사울에게 말한 겁니다.

「온 이스라엘의 사모하는 자가 누구냐 너와 네 아비의 온 집이 아니냐」(:20하)

우리가 원하는 것이 있습니다.
하나님은 우리가 조르면 주십니다.
내가 원하는 스타일의 것을 주십니다.
그래야 우리는 만족하고 좋아하기 때문입니다.
우리는 기도 후에 응답을 받을 때도
우리가 정해 놓은 스타일의 응답이 있기를 바랍니다.
우리가 기대한 대로의 응답이 있으면
순간은 좋을지 모릅니다.
그러나 우리가 그린 그림대로의 응답이
하나님의 뜻이 아닌 응답일 수 있다는 겁니다.
그런 응답은 불행한 응답이랍니다.
하나님 스타일의 응답을 받아야 합니다.
그것이 후유증이 없는 미래를 보장합니다.
그렇기에 기도 중에 기도하세요.
"주님의 뜻이 이루어지게 하옵소서"라고...

"주님의 뜻에 기쁨으로 감사하게 하옵소서"라고...

그렇게 기도하세요.

사울은 깜짝 놀랐습니다. 사울은 총총 걸음으로 앞서간 사무엘을 따랐습니다. 그러면서 사무엘에게 말하는 겁니다.

"선지자 어르신! 말도 안 됩니다. 무엇보다 저는 베냐민 지파에 속한 사람입니다. 선지자께서도 아시는 것처럼 얼마 전에 우리 지파는 몰살당할 뻔하지 않았습니까? 이제 겨우 몇 백 명의 남자가 근근히 살고 있을 뿐입니다. 다른 지파 사람들이 베냐민 지파를 얼마나 싫어하는지 아시면서 무슨 말씀을 하시는 겁니까? 베냐민 지파는 힘도 없어요. 정치란 배경을 힘으로 하는데 베냐민 지파에서 왕이 된다고 해보십시오. 다른 지파 사람들이 가만히 있겠습니까? 말도 안 되는 말씀이십니다."

「사울이 대답하여 가로되 나는 이스라엘 지파의 가장 작은 지파 베냐민 사람이 아니오며 나의 가족은 베냐민 지파 모든 가족 중에 가장 미약하지 아니하니이까 당신이 어찌하여 내게 이같이 말씀하시나이까」(:21)

사무엘과 사울은 어색한 분위기 속에서 산당에 도달했습니다. 사무엘이 사울과 사환을 인도했습니다. 작은 방이 아니었습니다. 그런데 이미 그 방에는 다른 손님들이 자리하고 있었습니다. 30명의 사람이었습니다.

방에 모인 사람들은 사무엘 선지자가 들어오자 모두 일어나 인사를 했습니다. 사무엘도 인사를 받았습니다. 그러더니 함께 들어온 사울을 소개합니다. 베냐민 지파의 기스의 아들 사울이라고. 사무엘의 소개가 끝나자 모인 사람들은 사울과 악수를 하면서 인사를 나누었답니다.

사람들이 자신들의 자리에 앉고 사무엘은 사울을 불렀습니다. 그러더니 상석(上席)에 앉으랍니다. 사울은 놀랐습니다. 그리고 그 자리에 앉을 수 없다고 마다했습니다만 결국 상석(上席)에 앉았답니다.

「사무엘이 사울과 그 사환을 인도하여 객실로 들어가서 청한 자 중 수석에 앉게 하였는데 객은 삼십 명가량이었더라」(:22)

모인 사람들은 신중했습니다. 얼굴에는 미소가 있었지만 마음은 무엇인가를 신중하게 살피는 모습이 역력했습니다. 사울의 태도 하나하나를 신중하게 보고 있었구요 어떤 이는 사무엘이 사울을 베냐민 지파 사람이라고 소개할 때부터 내키지 않는 표정이었지요.

사무엘이 요리를 준비시켜 놓았나 봅니다. 요리사를 불러 음식을 가져 오라고 했는데 음식을 가지고 온 요리사가 사울 앞에 가장 좋은 음식을 놓는 겁니다. 사울은 어리둥절하기도 하고 미안하기도 했습니다. 사무엘이 그의 마음을 알았는지 입을 열었습니다.

"미안해하지 말고 들게나. 내가 이 사람들을 초청하기 전부터 자네를 위해 준비해 둔 걸세! 천천히 많이 들게나."

사무엘의 따뜻한 배려를 듣고 사울은 겸연쩍기도 했지만 즐거운 식사를 나누었답니다. 어색하지만 즐거운 식사 시간이었지요. 며칠 동안 제대로 음식을 먹지 못했던 터라 무척이나 맛있는 식사였습니다.

> 「요리인이 넓적다리와 그것에 붙은 것을 가져다가 사울 앞에 놓는지라 사무엘이 가로되 보라 이는 두었던 것이니 네 앞에 놓고 먹으라 내가 백성을 청할 때부터 너를 위하여 이것을 두어서 이때를 기다리게 하였느니라 그 날에 사울이 사무엘과 함께 먹으니라」(:24)

식사 시간이 짧지 않았습니다. 어색했던 분위기가 가시고 식사가 끝났습니다. 사무엘은 사울과 함께 먼저 일어나겠답니다. 30명의 사람들은 남아서 무슨 이야기들을 나눌 것이 있었겠죠…

사무엘과 사울은 산당에서 내려와 성읍으로 갔습니다. 그리고 방을 하나 빌려 지붕으로 올라갔답니다. 둘이 아주 긴 시간 동안 대화했습니다. 둘이 무슨 이야기를 나누었을까요? 하나님의 마음을 알고 있는 노인, 흰머리를 날리고 흰 수염을 날리면서… 이마와 얼굴에 쭈굴쭈굴한 주름이 가득한 할아버지… 말도 빨리 할 수 없는 힘이 다한 할아버지… 그러나 왠지 이 노인에게서는 저항할 수 없는 힘이 흘러나오고 있습니다. 사무엘… 그의 이름은 사무엘입니다.

이스라엘 사람들이 괜찮게 본 사울에게 사무엘은 지붕에서 밤새껏 무슨 말을 했을까요? 지붕 담화가 늦게까지 계속되다가 사울은 지붕에

남았고 사무엘은 아래 방으로 내려와 잠을 청했답니다.

사울은 사무엘의 이야기를 생각하면서 밤새껏 지붕에 홀로 있었습니다. 새벽 동이 트고 있었습니다. 사무엘이 지붕에 있는 사울을 불렀습니다. 사울이 지붕에서 내려오자 사무엘이 말했습니다.

"이제 돌아가게나… 여기서 나가지. 가야 하지 않겠나. "

사무엘과 사울, 그리고 사울의 사환이 함께 걸었습니다. 성읍 끝에 이르렀을 땝니다. 사무엘이 사울에게 부탁했습니다. 사환을 먼저 보내라고. 사울의 사환은 사울의 말에 따라 멀리 앞서기 시작했고 사무엘과 사울은 천천히 뒤에서 가다가 보이지 않을 만큼 되었을 때 사무엘이 사울의 팔을 붙들면서 말했습니다.

"잠깐 기다리게나. 하나님의 음성이 있다네…"

「성읍 끝에 이르매 사무엘이 사울에게 이르되 사환으로 우리를 앞서게 하라 사환이 앞서매 또 가로되 너는 이제 잠깐 서있으라 내가 하나님의 말씀을 네게 들리리라」(:27)

11 10:1~13
왕이 되어 가는 사울

사환이 볼 수 없는 거리, 사무엘과 사울 둘만 있게 되었습니다. 사울은 어떤 행동도 함부로 할 수 없는 이상한 분위기(?)였습니다. 사무엘의 움직임만 보고 있을 뿐이었습니다.

늙어서 행동이 느린 사무엘은 손을 허리춤으로 가지고 가더니 허리에 매달린 작은 병을 풀었습니다. 물병 같기도 했습니다만 물병이기에는 너무 작다는 생각이 들었습니다.

나이 많은 사무엘의 주름진 손이 사울의 어깨를 만졌습니다. 그의 눈빛이 앉으라는 것 같았습니다. 사울은 사무엘이 시키는 대로 그 앞에 무릎을 꿇었답니다. 그런데 사무엘이 병마개를 따더니 그 안에 있는 것을 사울의 머리 위에 붓는 겁니다. 기름이었습니다. 사울은 아무 말도 할 수 없었답니다. 기름을 붓고는 사무엘 또한 무릎을 꿇고 사울을 포옹했답니다. 그러면서 살포시 그의 얼굴에 입을 맞추었답니다. 그러면서도 오랜 세월 동안 흐트러지지 않은 자세로 살아온 노(老) 선지자의 얼굴에는 근심이 서려 있음을 알 수 있었습니다.

사울의 얼굴에 기름이 흘러내렸습니다. 사무엘이 그 얼굴을 만지며 아주 인자하게 말했습니다.

"여호와께서 자네에게 기름 부으신 걸세. 이제 자넨 이스라엘의 왕이라네!"

「이에 사무엘이 기름병을 취하여 사울의 머리에 붓고 입 맞추어 가로되 여호와께서 네게 기름을 부으사 그 기업의 지도자를 삼지 아니하셨느냐」(:1)

사울은 흘러내리는 기름을 닦으면서 의아한 그리고 놀라는 표정이었습니다. 그도 그럴 것이 너무도 순식간에 일들이 벌어지고 있었기 때문입니다. 사무엘이 사울에게 확신을 주려는 듯 몇 가지의 징후가 있을 거랍니다. 그런 징후가 나타나면 하나님께서 왕으로 세우심을 믿고 받아들이랍니다.

가는 길에 베냐민 땅 경계인 셀사라는 마을을 지날 때 라헬의 묘지

근처에서 두 사람을 만날 거랍니다. 그들이 찾고 있던 암나귀에 관한 이야기와 사울을 집에서 걱정하고 있다고 말할 것이라네요.

그런 후, 조금 가다가 보면 다볼 상수리 나무를 보게 될 텐데 거기서 벧엘로 올라가는 세 사람을 만나게 될 거랍니다. 그런데 그 중에 한 사람은 염소 새끼 세 마리를 이끌고 있을 것이며, 한 사람은 떡 세 덩이를 가지고 있을 것이고, 다른 한 사람은 포도주를 한 부대 가지고 있을 거랍니다. 이 세 사람이 친절하게 인사를 하면서 떡 가진 사람이 자기가 가지고 있던 떡 가운데 두 덩이를 사울에게 줄 거라네요. 그럴 때 그 떡을 받으랍니다.

그들과 헤어진 후 블레셋 사람의 영문이 있는 곳에 이르러 그곳으로 들어가면 선지자들의 무리가 나와서 음악을 연주하고 내려오는 것을 보게 될 거랍니다. 그 때 하나님의 은혜를 받아 새로운 사람이 되는 느낌이 있을 거랍니다.

이러한 징조들을 보면 의심 없이 왕으로 세운 줄 알고 소신 있게 행동하라고 하는 겁니다. 하나님께서 함께 하실 것이기 때문이라는 거죠. 사무엘의 말이 계속 되었습니다. 지금 길을 떠나서 길갈로 가서 7일을 기다리랍니다. 7일 후에 뒤따라가서 왕으로서 어떻게 행해야 할지를 알려 주겠다네요.

하나님은 사울을 미워하신 것이 아닙니다.
하나님께서 싫어하신 것은
하나님을 버리고 왕을 요구하는 이스라엘 장로들입니다.
그렇기에 선택하신 사울에게 기회는 물론이요
능력도 주셨습니다.
사무엘도 사울에게 하나님께서 함께 하심으로
왕으로서 담대하게 일을 하라고 권면합니다.

「이 징조가 네게 임하거든 너는 기회를 따라 행하라 하나님이 너와 함께 하시느니라」(:7)

하나님은 사울을 사랑하셨습니다.
그리고 그에게 왕으로서 사명을 수행할 마음도 주셨습니다.
사울은 하나님을 의지하고 하나님을 기쁘시게 하는
성실한 왕이 되면 됩니다.
이것이 하나님의 은혜입니다.
사울에게 선택의 은혜를 주신 것이지요.

사무엘의 말을 듣고 길을 가려는데 이상하게도 사울의 마음이 뜨거워졌습니다. 하나님이 새 마음을 주신 겁니다. 길을 걸을 때 행복했구요, 사무엘이 말한 대로 모든 일들이 이루어졌답니다.

하나님은 하나님의 일을 시키시기 전에

새로운 마음은 물론이요

일을 할 수 있는 능력과 재능을 주십니다.

이 말은 일을 할 수 있는 도구를 주신다는 말씀입니다.

오늘날로 말하면 성령의 기름 부으심을 이야기합니다.

하나님의 일은 지식이나 경험을 가지고 할 수도 있습니다만

아무리 지식이 많고 경험이 풍족하다 하더라도

하나님의 영이신 성령의 기름 부으심이 없다면

할 수 없습니다.

그러므로 하나님이 주신 새 마음을 가지고

성실하게 나아간다면

우리는 하나님의 일을 하는

하나님의 동사자(同事者)가 되는 것입니다.

⓬ 10:14~16

신중한 침묵

사울이 사무엘을 만난 사건은 사울에게는 대단한 사건입니다. 왕으로 기름 부음을 받은 것 자체가 본인에게는 어마어마한 사건입니다. 그러나 집으로 돌아온 사울은 그 사건에 대해서는 침묵합니다. 사울은 신중했습니다. 그가 왜 나라의 일을 고하지 않았는지는 정확하게 알 수 없습니다만 그는 분명히 신중한 사람임이 틀림없습니다.

「...사무엘이 말하던 나라의 일은 고하지 아니하더라」(:16하)

우리는 종종 자신에게 특별한 일이 나타나면

말하고 싶어서 어쩔 줄을 몰라하곤 합니다.
알리고 싶고, 자랑하고 싶고.
자신이 특별한 사람이라고 말하고 싶은 충동입니다.
이러한 것은 인간은 본질적으로 자신을 뽐내고 싶어하는
교만함이 있기 때문입니다.
이것을 잘 다스려야 합니다.

하나님이 자신의 역사의 맥을 이어가시기 위해
사람을 사용하실 뿐인데
하나님의 하시는 일을 수행하면서
자신은 다른 사람보다 특별한 사람이라고 교만한 생각을 하면
하나님이 기뻐하시지 않습니다.

⑬ 10:17~24

우울한 분위기에서의 왕 선택

미스바에서 대 집회가 있답니다.

사무엘이 이스라엘 사람들의 요구대로 왕을 선택하기 위하여 사람들을 모은 겁니다. 미스바로 말입니다.

미스바는 수십 년 전에 모였던 그 장소입니다. 사무엘이 선지자로 사역한 초기에 있었던 일이지요. 이스라엘이 영적인 깊은 침체 가운데 있을 때 사무엘이 사람들을 불러 모아 놓고 회개 운동과 더불어 영적 대 각성이 일어났던 곳입니다. 블레셋이 급습해 왔으나 기도로 위기를 모면했던 장소입니다. 미스바는 하나님의 숨소리가 들리는 현장이었습니다.

사람들은 미스바로 모이면서 미묘한 생각이 들었습니다. 하나님에 대한 생각들입니다. 하나님을 버리는 마음을 숨기면서 왕을 요구한 사람들의 미스바로 향한 발걸음은 무척이나 부담스러웠습니다.

모인 사람들에게 사무엘의 첫 연설은 왕을 피선하는 자리치고는 무척이나 어울리지 않는 연설이었습니다. 우울한 연설이었습니다. 행복을 기대하는 분위기를 깨는 어두운 외침이었습니다.

> 「이스라엘 자손에게 이르되 이스라엘 하나님 여호와께서 이같이 말씀하시기를 내가 이스라엘을 애굽에서 인도하여 내고 너희를 애굽인의 손과 너희를 압제하는 모든 나라의 손에서 건져내었느니라 하셨거늘 너희가 너희를 모든 재난과 고통 중에서 친히 구원하여 내신 너희 하나님을 오늘날 버리고 이르기를 우리 위에 왕을 세우라 하도다」(:18–19)

참된 하나님의 사람은
분위기를 맞춰주는 사람이 아닙니다.
사람들의 분위기를 맞춰 주면
인기는 올라갈 수 있을 겁니다.
그러나 실제로는
독약을 조금씩 주입시키는 것과 다름이 없답니다.
하나님의 사람은 하나님의 마음을 알려주는 사람입니다.
사무엘의 위대한 모습이 이 모습입니다.
분위기를 맞춰주는 것이 아니라
하나님의 마음을 알려주는 일을

거침없이 하고 있기 때문입니다.

「이제 내가 사람들에게 좋게 하랴 하나님께 좋게 하랴 사람들에게 기쁨을 구하랴 내가 지금까지 사람의 기쁨을 구하는 것이었더면 그리스도의 종이 아니니라」(갈 1:10)

하나님이 이스라엘을 위하여 하신 일이 있습니다.
애굽 인의 손과 이스라엘을 압제하던 모든 나라의 손에서
건져내신 일입니다.
이스라엘이 한 일이 있습니다.
모든 재난과 고통 중에서
친히 구원하여 내신 자신들의 하나님을 버리고
왕을 세워 달라고 하는 일입니다

하나님이 우리를 위해서 하신 일이 있습니다.
우리를 압제하는 죄악의 사슬에서 우리를 건지시기 위해서
독생자 예수님을 십자가에 못 박으신 일입니다.
그런데 혹 우리는 이스라엘이 하나님을 버린 것처럼
그 하나님을 버리고
다른 왕을 요구하고 있지는 않는지요?
헛된 것 말입니다.

우물가에 여인처럼 난 구했네
헛되고 헛된 것들을

그 때 주님 하신 말씀
내 샘에 와 생수를 마셔라.

오 주님 채우소서
나의 잔을 높이 듭니다.
하늘 양식 내게 채워 주소서
넘치도록 채워 주소서

많고 많은 사람들이 찾았었네
헛되고 헛된 것들을
주 안에 감추인 보배
세상 것과 난 비길 수 없네.

내 친구여 거기서 돌아오라
내 주의 넓은 품으로
우리 주님 너를 반겨
그 넓은 품에 안아 주시리.

모인 사람들의 흥분된 기대에
어두움의 연설을 하는 노인 사무엘의
안타까운 연설이 사람들의 심장을 뚫고 지나갑니다만
어느 누구도 돌이키지 않습니다.
망령들은(?) 노인의 연설이 빨리 끝나고
멋지고 자랑스러운 왕의 선택을 속히 보고 싶을 뿐입니다.

심장이 터질 것과 같은
사랑의 메시지를 전하는 사무엘의 설교에
사람들은 지루해 할 뿐입니다.
모두가 듣기 싫어하는 연설을 꼭 해야 하는지요?
설교자의 아픔이 여기 있습니다.
모두가 듣기 싫어하는 설교...
그 말씀을 전해야 하는지요?

얼마 전 이스라엘의 대표라고 할 수 있는 30명의 사람들이 사울을 본 적 있었습니다. 그 때 본 그 사울이 사무엘이 세우고 싶은 왕일 거라고 짐작하는 것은 어렵지 않았을 겁니다. 사람들의 의견이 분분했었음에 틀림없었을 겁니다. 자신들의 보기에도 왕으로서 괜찮다고 생각은 했었지만 사무엘에 의해 추천된 것이 마음에 부담이었습니다. 만일 그렇게 되면 권력은 다시 사무엘의 손에 있게 될 것이 뻔하다는 생각 때문이었습니다.

사무엘도 사람들의 그런 마음을 모르지 않았습니다. 그래서 만인 앞에서 왕 선출을 하는 겁니다. 속일 수도 없고 속을 수도 없는... 누구 생각이나 의견에 치우치지도 않는 방법을 택한 겁니다. 물론 이스라엘의 역사 가운데 내려오는 사람 선택 방법, 제비뽑기 방식이었습니다.

왕을 선택하겠다고 공포했습니다. 율법대로 제비뽑겠다는 겁니다. 모인 사람들은 아무 말도 하지 못했습니다. 자신들이 밀고 싶은 사람이 있음에도 불구하고 어쩔 수 없는 거였지요.

사무엘이 각 지파에서 뽑은 후보자 1,000명의 명단을 내립니다. 지파의 대표들은 왕 후보로 지망했거나 추천한 사람들의 명단을 사무엘에게 제출을 했습니다.

「...이제 너희 지파대로 천 명씩 여호와 앞에 나아오라」(:19하)

열두 지파의 명단을 가지고 두 번째 제비를 뽑았습니다. 열두 지파 가운데 한 지파를 뽑는 거였습니다. 모두들 자기들의 지파가 뽑히기를 기대하면서 조마조마한 시간을 보냈습니다. 그런데 상상도 못할 일이 벌어진 겁니다. 베냐민 지파가 뽑혔기 때문입니다. 말도 안 되는 일이었습니다. 사람 수로도 밀리고 게다가 다른 지파에서 가장 싫어하는 지파이기 때문이었습니다. 모두들 기가 막혔습니다만 어쩔 수 없었습니다.

뽑기 처음부터 김이 빠진 상태였습니다. 그런 가운데 베냐민 지파에서 제비를 뽑았지요. 가족 가운데서 뽑는 거였습니다. 마드리 가족이 뽑혔답니다. 제비뽑기를 하는 동안 사무엘은 알고 있었습니다. 제비뽑기가 사울을 뽑아 낼 것임을...

제비 뽑기 처음에, 베냐민 지파가 뽑히자 사울도 직감했습니다. 결국에는 자신이 뽑히게 될 것이라는 것을, 이 제비뽑기는 사람들의 입을 틀어막기 위한 형식에 불과하다는 것을 알고 있었답니다.

마드리 가족 가운데 마지막 제비를 보았습니다. 기스의 아들 사울이었습니다.

「사무엘이 이에 이스라엘 모든 지파를 가까이 오게 하였더니 베냐민 지파가 뽑혔고 베냐민 지파를 그 가족대로 가까이 오게 하였더니 마드리의 가족이 뽑혔고 그 중에서 기스의 아들 사울이 뽑혔…」(:20-21)

베냐민 사람들은 자신들의 지파에서 왕이 뽑히게 되어 제비뽑기 시작부터 흥분되어 있었습니다. 그리고 이제 사울이 뽑힌 겁니다. 얼마나 기분이 좋았는지요. 베냐민 지파는 물론 미스바에 모인 사람들은 뽑힌 사울을 찾았습니다. 그의 이름을 불렀습니다. 그런데 아무리 불러도 그가 나타나지 않았습니다. 한참 동안 사울을 찾아 불러도 나타나지 않자 누군가가 외쳤습니다.

"하나님이 뽑으신 사람이라면 기도해 봅시다. 그가 어디 있는지 알려 주실 게 아닙니까?"

"옳소! 기도합시다!"

사람들의 대답이었습니다.

하나님의 음성이 임했습니다.

"쌓아 둔 짐짝 옆에 숨어있느니라."

「…사울이 뽑혔으나 그를 찾아도 만나지 못한지라 그러므로 그들이 또 여호와께 묻되 그 사람이 여기 왔나이까 여호와께서 대답하시되 그가 행구 사이에 숨었느니라」(:21하-22)

행구 사이에 숨은 사울을 찾아냈습니다. 그리고 사무엘 옆에 세웠습니다. 젊고 아주 멋진 왕이었습니다! 사울의 모습은 사람들의 기대에 흡족했습니다. 사람들은 미스바에 모이면서 여러 사람들을 마음에 후보자로 생각했었습니다. 두 세 사람 정도가 사람들의 입에 오르내렸었죠. 그런데 뜻밖의 지파에서 왕이 뽑힌 겁니다. 베냐민 지파라는 것에 실망하고 있었습니다만 사울의 모습을 보자 마음이 달라지기 시작한 겁니다.

하나님은 이스라엘 사람들의 마음에 원하는 스타일의 사람을 주신

사울은 왜 행구 사이에 숨었을까요?

왕이 될 자격이 없다고 생각한 겸손 때문일까요?

사울은 사람들과 함께 미스바에 왔습니다. 그 자리가 왕을 뽑는 자리라는 것도 알고 있습니다. 그리고 제비뽑기를 하면 자신이 뽑힌다는 것도 알고 있었습니다. 왕으로의 선택을 거부하지 않기로 결정했습니다. 사무엘을 만나 오랫동안 이야기했고 또 사무엘이 말한대로 하나님께서 여러 가지 징조를 보여 주셨기 때문입니다.

그런데 자신을 왕으로 뽑기 위해서 모인 미스바에서 사무엘의 뜻밖의 연설을 들었습니다. 자신에게 그렇게도 자상하던 사무엘 선지자의 연설... 사울은 자신이 즐겁고 축제적인 분위기에서 선택될 줄 알았는데 그렇지가 않은 겁니다. 이스라엘 사람들이 하나님을 버리고 자신들의 욕심을 채우기 위해 왕을 뽑는다는 사무엘의 격앙된 연설을 들은 겁니다.

「...너희 하나님을... 버리고... 왕을 세우려 하는도다」(:19)

사울에게는 날벼락 같은 소리였습니다. "하나님을 버리고 자신을 택한 것이라니..." 하나님 자리에 자신이 올라서야 한다는 것으로 들렸습니다. 그런 자리에 올라서는 안 된다고 생각한 겁니다. 그래서 그는 도망간 거랍니다. 숨은 곳은 행구 사이였습니다.

것이지요. 하나님은 이스라엘 사람들의 마음을 너무도 잘 알고 계셨습니다. 사람들의 마음을 꿰뚫고 계시는 하나님께서 선택한 왕이니 사람들의 마음에 합당한 것은 당연했던 겁니다.

「...너희는 여호와의 택하신 자를 보느냐 모든 백성 중에 짝할 이가 없느니라 하니 모든 백성이 왕의 만세를 외쳐 부르니라」(:24하)

⑭ 10:25~27

정부 준비 위원들의 모임, 그리고 선택에 불복하는 사람들

선출된 왕 사울을 만족해 하는 사람들에게 사무엘이 몇 가지를 부탁했습니다. 새로운 제도 아래서 백성들이 어떤 각오를 해야 하는지를 말한 겁니다. 그리고 그 내용을 책에 기록하여 초기 왕정의 기초로 삼았답니다.

왕을 선출하고 왕 제도를 말하고... 사무엘은 사람들을 집으로 돌려보냈습니다. 이제 그의 일은 끝난 겁니다. 사울도 발걸음을 기브아에 있는 집으로 행했습니다. 그렇지만 사울의 마음은 무척이나 무거웠습니다. 그러나 이내 자신을 얻었답니다. 왜냐하면 선출된 왕을 사람들은 혼자 보내지 않았기 때문입니다. 그를 옆에서 누군가가 모시기 시작한 겁니다.

「사울도 기브아 자기 집으로 갈 때에 마음이 하나님께 감동된 유력한 자들은 그와 함께 갔어도」(:26)

사울이 왕이 되는 것을 못마땅하게 생각하는 사람들이 있었습니다. 아마도 자신들이 생각했던 사람이 뽑히지 않았기 때문인 것 같습니다. 자

어떤 제도를 말했을까요?

아마도 신명기에 기록된 왕의 자세와 왕정에 필요한 백성들의 협조를 이야기했을 겁니다.

「왕 된 자는 말을 많이 두지 말 것이요 말을 많이 얻으려고 그 백성을 애굽으로 돌아가게 말 것이니 아내를 많이 두어서 그 마음이 미혹되게 말 것이며 은금을 자기를 위하여 많이 쌓지 말 것이니라 왕위에 오르거든 레위 사람 제사장 앞에 보관한 이 율법서를 등사하여 평생에 자기 옆에 두고 읽어서 그 하나님 여호와 경외하기를 배우며 이 율법의 모든 말과 이 규례를 지켜 행할 것이라」 (신 17:16-19)

「가로되 너희를 다스릴 왕의 제도가 이러하니라 그가 너희 아들들을 취하여 그 병거와 말을 어거케 하리니 그들이 그 병거 앞에서 달릴 것이며 그가 또 너희 아들들로 천부장과 오십 부장을 삼을 것이며 자기 밭을 갈게 하고 자기 추수를 하게 할 것이며 자기 병거와 병거의 제구를 만들게 할 것이며 그가 또 너희 딸들을 취하여 향료 만드는 자와 요리하는 자와 떡 굽는 자를 삼을 것이며 그가 또 너희 밭과 포도원과 감람원의 제일 좋은 것을 취하여 자기 신하들에게 줄 것이며 그가 또 너희 곡식과 포도원 소산의 십일조를 취하여 자기 관리와 신하에게 줄 것이며 그가 또 너희 노비와 가장 아름다운 소년과 나귀들을 취하여 자기 일을 시킬 것이며 너희 양떼의 십분 일을 취하리니 너희가 그 종이 될 것이라」(:11-17)

기들이 생각했던 사람이 왕이 되었으면 권력을 쥐게 될 터인데 다른 사람에게 왕권이 넘어간 겁니다. 그래서 기분이 나빠서 투덜거리는 것이지요.

「어떤 비류는 가로되 이 사람이 어떻게 우리를 구원하겠느냐 하고 멸시하며 예물을 드리지 아니하니라」(:27)

사울은 아무 말도 하지 않았습니다. 하나님이 원하지 않는 분위기에서 왕이 된다는 것에 대한 부담 때문이었을까요? 아니면 시간이 지나면 자신을 따를 것이라고 생각했기 때문일까요? 아니면 사울이 착한 사람이기 때문에 잠잠한 것일까요? 어쨌거나 사울이 왕이 된 것만은 분명합니다만 100점짜리 왕은 아닙니다. 90점짜리인 것 같습니다.

불평하는 사람들...
사울이 모자라서 불평하는 게 아니지요.
자기의 사람이 아니기에 불평하는 거랍니다.
자기 마음대로 할 수 있는 사람이 아니기에 화가 난 거랍니다.

사람 선택...
모두가 자기 마음에 드는 사람이 있답니다.
그 사람을 선택하고 싶구요.
그런데 그 사람이 안 될 때가 있어요.
그 사람이 부족해서 그럴 수도 있지만
그 사람이 적임자가 아니기에

하나님이 허락하지 않는 경우가 많잖아요.
그걸 보는 눈 필요하구요.
그걸 인정하는 믿음 필요하답니다.

내 사람이 선택되어야만 한다는 생각은 버리세요.
그렇지 않으면 좋은 사람이 선택되었는데도
불평하게 된답니다.
부족한 사람이 선택되었다 하더라도
하나님이 하신 일이라고 생각하세요.
그것이 하나님의 주권에 대한 믿음입니다!

⑮ 11:1~5

뜻밖의 사건

사울은 왕이 되었지만 아직 아무런 움직임이 없었고 오히려 야당들만 불평을 늘어놓고 있을 때입니다. 야당은 처음부터 협조하지 않았고 앞으로도 협조하지 않을 사람들이었습니다만 하나님은 사울로 하여금 통치 초기부터 나라를 다스리기 편하게 만들어 주시기로 작정하셨습니다. 하나님의 협조가 없어서 왕정이 순탄치 못했다는 소리를 하지 못하도록 하시기 위한 하나님의 지혜입니다.

요단 강 동쪽 길르앗 야베스에서 일이 생겼습니다. 암몬 사람 나하스가 군사들을 데리고 길르앗 야베스를 공격하기 위해서 온 겁니다. 길르앗 야베스는 평온한 지방이었고 싸움에 대해서는 관심이 없었던 순박한 사람들이었습니다. 그런 마을에 암몬의 나하스가 군인들을 끌고 나타난 겁니다. 길르앗 야베스 사람들은 두려웠습니다.

성읍의 책임있는 사람들은 문제를 해결하기 위해서 대책을 세워야 했습니다. 만일 암몬과 전쟁한다면 성읍을 지키기는커녕 성읍을 빼앗기는 것은 물론이고 오히려 백성의 태반이 죽게 될 것이 뻔했습니다. 길르앗 야베스 사람들은 암몬 사람 나하스와의 전쟁에서 승산이 없다는 것을 알고 있었던 거지요. 위기를 극복하기 위해 고심하다가 결국은 비참하더라도 오히려 저들의 노예가 되어 백성들의 생명을 구하자고 결론내렸습니다.

전령을 암몬의 나하스에게 보냈습니다. 전령은 나하스 앞에 무릎을 꿇고 길르앗 야베스 사람들의 뜻을 전했습니다. 죽이지만 말아 줄 것을 약속해 달라고… 그러면 암몬의 노예가 되어서 섬기겠다고 말입니다.

「암몬 사람 나하스가 올라와서 길르앗 야베스를 대하여 진치매 야베스 모든 사람이 나하스에게 이르되 우리와 언약하자 그리하면 우리가 너를 섬기리라」(:1)

힘… 이 지배하는 세상입니다.

힘을 소유해야 합니다.
힘을 가져야 합니다.
힘을 갖기 위해 노력하시고
힘을 쟁취하십시오.
그러나
가지고 있는 힘… 사용하는 것은 달라야 합니다.
세상 사람 방식으로 힘을 쓰면 안 됩니다.
자신을 위한 힘이 되면 안 된다는 겁니다.
남을 억압하기 위한 힘이면 안 된다는 겁니다.
약한 자를 보호하고 갇히고 눌린 자를 풀어 주고
악한 자의 횡포를 막기 위해서
힘을 가져야 합니다.
이것이 그리스도인이 힘을 필요로 하는 이유입니다.

전령의 말을 듣던 나하스의 얼굴에 음산한 미소가 흐르고 있었습니다. 포악한 그의 얼굴에 깃들인 미소에는 악마의 기운이 서려 있는 것 같았답니다.

"이 놈아, 가서 전하거라. 내가 너희들 목숨 못 살려 주겠냐? 암, 살려 줘야지. 당연히 살려 주고말고! 하하하!"

나하스의 웃음은 징그러웠습니다.

"그 대신 내가 네 놈들의 두 눈깔 중에 한 눈깔은 빼야겠어! 아, 그래야 어떤 놈이 부려먹을 수 있는 종놈인지 구별할 수 있을 거 아녀! 알겠냐? 너희 같은 놈들은 눈깔 하나만 가지고 살아도 감지덕지 아니겠어!"

전령은 부들부들 떨면서 암몬의 진영을 빠져 나와 길르앗 야베스로 갔습니다. 그리고 암몬의 나하스가 한 말을 그대로 전했답니다. 길르앗 야베스 사람들은 초상집과 같은 분위기였습니다. 분했습니다만 어쩔 수 없었습니다. 힘없는 약자의 서러움이었습니다.

성읍의 어른들인 장로들이 모였습니다. 그리고 일단 시간을 벌면서 생각해 보자고 의견을 모았지요. 암몬의 나하스에게 다시 사람을 보냈습니다. 생각할 시간을 달라고 하기 위해서였습니다.

암몬의 나하스 앞에 길르앗 야베스의 전령이 다시 나타나자 나하스가 먼저 물었습니다.

"그래 눈깔 빼는 게 낫겠지? 그래도 죽는 것보단 그게 나은 거여! 사람 목숨이 귀중한 줄 알고 내가 그렇게 자비를 베푸는 것이니 감사한 마음으로 받아들일 것으로 믿는다! 그래도 눈깔 하나만 뺀다고 하는 내가 얼마나 착한 사람이냐 안 그러냐?"

나하스의 잔인한 말을 듣고 있던 암몬의 장군들이 박장대소했습니다.

"암 그렇구 말구요. 눈깔 하나가 아니라 귀 한쪽도 베어야 하는데 우리 나하스 장군님의 어진 마음으로 눈깔 하나만 뺀다고 하니 길르앗 야베스 놈들은 복 받은 겁니다! 하하하!"

길르앗 야베스의 전령이 입을 열었습니다.

"장군, 우리에게 기회를 주십시오. 장군님의 노예가 되기 위해 가족들을 설득해야 할 것 아닙니까? 7일 간의 시간을 주시길 바랍니다."

전령의 이야기를 듣고 있던 나하스가 징그러운 얼굴을 전령의 코 앞에 대고 음측한 목소리로 말했습니다.

"느그들 도망 가려고 그러냐? 그래봤자 내 손안에 쥐새끼여..."

"아닙니다. 도망을 가면 어디로 가겠습니까?"

"그럼 한번 싸워 붙어보려고 그러냐? 그래 한번 싸워보자. 너희 중에 어떤 놈이라도 앞에 나오면 내 그놈의 모가지를 단숨에 베어 날아다니는 새의 밥으로 만들어 버릴 거여! 좋아, 내가 7일 시간을 줄테니... 이건 특별히 베푸는 은혜여! 7일 동안 두 눈으로 세상 실컷 보도록 해주는 나하스의 은혜임을 잊지 말거라!"

전령은 나하스의 진영을 빠져나와 길르앗 야베스로 달렸습니다. 그리고 있었던 일들을 모두 이야기했지요. 길르앗 야베스 성은 초상집 같았습니다. 7일의 기회만 있을 뿐입니다.

길르앗 야베스 사람들과 장로들은 얼마 전 미스바에서 이스라엘의 왕으로 뽑혔다는 사람이 생각났습니다. 무엇보다 키도 크고 싸움도 잘한다는 소문이 생각난 겁니다. 누군가가 말했습니다.

"그 양반에게 사정을 말합시다! 그 사람이 이스라엘의 왕이 될 사람이라면 우리도 이스라엘 사람인데 우리를 구해줘야 할 의무가 있는 거 아니요? 그 사람에게 찾아가서 도움을 구하는 겁니다!"

몇 사람이 말을 탔습니다. 그리고 요단강을 건너 베냐민 땅 기브아로 질주했습니다. 사울의 집으로 간 겁니다.

이 사람 저 사람에게 물어 사울의 집을 찾았습니다. 듣던 대로 작은 집이 아니었습니다. 부잣집이었습니다. 이미 사울의 집에는 사울을 왕으로 모시는 듯한 분위기였고 사람들의 출입이 예사롭지 않았습니다.

길르앗 야베스에서 온 사람들은 사울의 집에 들어서자마자 일련에 일어난 일들에 대하여 낱낱이 고했습니다. 처음에 이들이 왔을 때는 관심 없던 사람들도 이야기를 듣자 분개했고 어떤 이는 한 동족의 눈이 뽑힌다는 말에 대성통곡하기도 했습니다. 어떤 이는 사람을 보내 길르앗 야베스에서 일어나는 일에 대해 동네방네에 알리라고까지 했답니다. 졸지에 기브아 마을은 길르앗 야베스 이야기로 떠들썩해졌습니다.

사울은 밭에서 일하고 있었습니다. 저녁이 되어 일을 마치고 소를 몰고 집으로 가는데 사람들이 여기저기서 웅성거리기도 하고 어떤 이는 울고 있기도 하는 겁니다. 이상했습니다. 그래서 물었죠. 무슨 일이 있냐고.

사람들이 사울에게 길르앗 야베스 사람들의 처지를 말했답니다.

「이에 사자가 사울의 기브아에 이르러 이 말을 백성에게 고하매 모든 백성이 소리를 높여 울더니 마침 사울이 밭에서 소를 몰고 오다가 가로되 백성이 무슨 일로 우느냐 그들이 야베스 사람의 말로 고하니라」(:4–5)

형제의 아픔을 함께 나누는 사람들…
아름답네요.
강 건너 사람들이기에 그냥 동정만 하는 게 일반일 텐데
그렇지가 않은가 봅니다.
길르앗 야베스 사람들과 같은 아픔을 가지고 있었답니다.
진정 형제자매라는 생각 때문이겠죠.
우린 예수님의 피로 맺어진 혈연(血緣)관계…
남이 아니랍니다.
형제의 아픔이 나의 아픔이요,
형제의 기쁨이 나의 기쁨이길 바랍니다.
이것이 그리스도인의 모습이지요.

밭에서 일한 사울을 생각해 봅니다.
사울의 왕 됨은 자신의 의지와는 상관이 없기에
왕으로서의 보좌에 앉기를 거부하고 있었습니다.
이때 얼마나 많은 사람이 사울을 충동했겠는지요?
빠른 시간에 왕권을 쥐고 나라를 다스리라고 말입니다.
사울은 이때만 해도

왕권에 대한 욕심이 없는 사람으로 보입니다.
어떤 면으로는 신앙의 태도를 보여 주고 있습니다.
사울은 사람들의 지도자가 된다는 것에 대하여
흥분하지 않았습니다.
오늘날의 사람들과는 대조적입니다.
오늘날은 모두가 지도자가 되려고 합니다.
지도자적 자질도 없고 그릇도 되지 않으며
하나님도 지도자로 부른 적이 없는데 말입니다.
사울은 사람들이 지도자로 추대해도 자신의 때가 아님을 알고
여전히 자신의 하던 일을 하는 겁니다.

사울의 아름다운 모습이네요.
왕이 되는 것보다 자신을 속이지 않는 모습
적어도 자신에게만은 진실한 사울의 모습이
우리에게 도전이 됩니다.
이 아름다운 모습이 계속되었으면 하는 마음 간절합니다.
왕이 되어서도 자신에게 진실하고
하나님 앞에 겸손한 마음 말입니다.
물론 왕이 되면 어떤 변화가 있겠죠.
그러나 그 마음만은 변질되면 안 된답니다.
그런데, 이후에 보겠지만
사울은 아름다운 마음을 잃어 버린답니다.
변화가 아닌 변질되었다는 겁니다.

16 11:6~13

의분에 찬 사울

길르앗 야베스 사람들의 이야기를 듣고 있던 사울은 속에서 불이 일어나는 겁니다. 피가 거꾸로 솟는 것 같았구요. 암몬 족속의 행태가 '이건 아니다!' 라고 생각한 겁니다. 그리고 길르앗 야베스 사람들을 구원해야 한다는 사명감이 강하게 일어났습니다.

> 「사울이 이 말을 들을 때에 하나님의 신에게 크게 감동되매 그 노가 크게 일어나서」(:6)

하나님께서 주신 마음입니다.
우리도 어떤 이야기를 들을 때

전에 없었던 반응이 일어날 때가 있습니다.
우리의 마음이 성령으로 충만하면 그런 반응이 일어납니다.
전에는 악의 소리를 들어도
의분(義憤)이 없었고 또 피하고 싶었고
나와 상관이 없는 일이기에
강 건너 불구경하는 것처럼 생각했었습니다.
그런데 성령으로 충만하게 되면
내 속에서 반응이 일어납니다.
먼저 죄악에 대하여 견디지 못해 합니다.
나의 죄악에 대한 것은 물론이요
주변 세계에서 사탄이 장난 하고 있는
죄악들을 보고 견디지를 못하게 됩니다.
예수님께서는 물론이요
우리 신앙의 선배들께서도 불의를 보고
견디지 못했던 이유가 그것입니다.

지금 우리가 살고 있는 시대… 웃을 때가 아닙니다.
우리 속에 계신 성령께서
이 땅을 보시고 웃고 계시지 않습니다.
성령의 말할 수 없는 탄식 소리를 들어야 합니다.
그리고 성령의 탄식 소리에 우리의 영혼도 움직여야 합니다.
하나님의 백성을 포로로 잡아
눈을 빼려하는 사탄의 악함을 보고
성령으로 충만한 사울에게 의분이 생겼던 것처럼

우리들도 하나님의 신으로 충만하여 사탄의 악행을 간파하고 그것에 대한 거룩한 의분을 가져야 합니다.

사울이 이를 악 물었습니다. 분하고 억울한 것을 표현할 수 없어서인지 한 마디의 말도 하지 않았습니다. 그러더니 자신의 소 두 마리를 끌고 온 힘을 다해 소의 정수리를 쳤습니다. 한 마리가 쓰러지고 또 한 마리가 쓰러졌습니다. 주변의 사람들... 사울의 저렇게 미친 듯한 행동을 본 적이 없었습니다. 마치 그의 눈에 살기가 젖어 있는 것 같았답니다.

사울의 손이 민첩하게 움직였습니다. 도끼를 가지고 한 마리 소의 가슴을 쳤습니다. 뜨거운 피가 터져 나왔구요, 앞뒤의 양 다리를 잘랐습니다. 머리도 잘랐습니다. 두 마리의 소를 그렇게 했습니다. 열 두 덩이가 되었습니다.

주변에서 구경하던 사람들을 불렀습니다. 그리고 잘려진 고깃덩어리를 하나씩 주면서 그것을 열 두 지파 수령들에게 전하랍니다. 사울과 사무엘이 군대를 징집하니 이유를 묻지 말고 모이라는 겁니다. 만일 징집에 응하지 않는다면 집안의 소를 모두 토막내 버릴 거랍니다.

「한 겨리 소를 취하여 각을 뜨고 사자의 손으로 그것을 이스라엘 모든 지경에 두루 보내어 가로되 누구든지 나와서 사울과 사무엘을 좇지 아니하면 그 소

들도 이와 같이 하리라」(:7)

사울은 사사기 19장에서 레위 사람이 자신의 원한을 풀기 위해 살해 당한 여인을 토막내어 사람들을 모았던 것처럼 소 한 겨리를 잡아 토막을 내어 관심을 끌어 사람을 모았습니다(:7).

사울은 의분만을 가진 것이 아니라
실제로 문제를 해결하기 위하여 지혜를 짜고 행동했습니다.
사울이 전쟁을 한 것은 왕으로서 한 일이 아닙니다.
그는 순수하게 하나님의 백성에 대한 애정과
옳지 못한 일에 대한 의분이 있었습니다.
이것이 현재 사울의 아름다움입니다.

그는 자리(position) 때문에 일하지 않았습니다.
그의 사역은 순수한 사랑과 악에 대한 반응입니다.
우리의 사역도 이렇게 되어야 합니다.
'나설 위치가 아니다' 라는 말보다는
악(惡) 앞에서는 '감투' 가 있는 사람이 나서는 것이 아니요,
하나님의 영에 의해 의분을 가진 사람이 나서야 합니다.
영적인 일은 성령에 의해 지배받는 사람이 해결할 수 있습니다.

사울이 보낸 토막난 소를 본 사람들은 마음속에 두려움이 생겼습니

다. 얼마 전에 왕으로 선출된 사울의 징집 명령이 생각보다 강했기 때문입니다. 온유하거나 점잖은 왕이 아니라 어떤 면에서는 무척 포악한 사람이라는 느낌이 들었습니다. 두렵기도 했구요.

「...여호와의 두려움이 백성에게 임하매 그들이 한 사람같이 나온지라」(:7하)

이스라엘 전역에서 사람들이 베섹이라는 곳으로 하나 둘씩 모여들기 시작했습니다. 무척이나 많이 모였습니다. 사울은 지파 별로 정돈시켰고 지파 장들로 하여금 숫자를 파악하게 했답니다. 모인 사람들은 모두 3십 3만 명이었습니다.

「사울이 베섹에서 그들을 계수하니 이스라엘 자손이 삼십 만이요 유다 사람이 삼 만이더라」(:8)

모인 사람들을 향해 사울은 대표되는 사람들에게 말했습니다. 길르앗 야베스 사람들을 진정시키라는 겁니다. 내일 암몬 사람들을 쳐부수겠다는 겁니다. 내일 길르앗 야베스 사람들이 구원을 받게 될 거랍니다.

「무리가 온 사자들에게 이르되 너희는 길르앗 야베스 사람에게 이같이 이르기를 내일 해가 더울 때에 너희가 구원을 얻으리라 하라」(:9)

구원의 소리가 있다는 것,
그것이 성도의 행복이요 기쁨이랍니다.
길르앗 야베스 사람들에게 사울이 있었던 것처럼

오늘 우리에게 구원의 소리의 주인공이신
예수 그리스도의 복음이 있네요.
염려 마세요!
주 예수 그리스도의 복음이
우릴 넉넉히 구원하셨답니다!

길르앗 야베스 사람들은 내일 구원 받게 될 것이라는 말을 듣고 얼마나 행복했는지요.

「사자들이 돌아가서 야베스 사람들에게 고하매 그들이 기뻐하니라」(:9)

주께서 주신 약속, 구원의 말씀으로 인해 기뻐하고 계시나요?
믿음은 약속의 말씀에 대한 신뢰랍니다.
주님의 약속은 신실하시거든요.
우린 많은 약속을 가지고 있으면서도
마치 약속을 갖지 않은 사람처럼 두려움 속에
불안 속에 살 때가 많이 있답니다.
말씀 붙드시구요
말씀을 아신다면, 기뻐하세요.
그 말씀 곧 이루어 질 것이기 때문이랍니다.

두려움 가운데 있던 길르앗 야베스 사람들은 암몬 사람들에게 장군 나하스에게 사람들 보냈습니다. 그리고 조용히 전달했습니다.

"나하스 장군, 내일이 약속한 날입니다. 내일을 지나서는 약속드린 대로 저희 땅을 어떻게 처리하신다 하더라도 그대로 받아들이겠나이다."

「야베스 사람들이 이에 가로되 우리가 내일 너희에게 나아가리니 너희 소견에 좋을 대로 우리에게 다 행하라 하니라」(:10)

나하스는 기가 막혔습니다. 길르앗 야베스 사람들이 눈 하나씩을 뽑히고 노예가 되겠다고 하니 말입니다. 그는 자신이 승리한 줄 알고 있었습니다. 아니 그의 생각은 이미 승리한 정복자였습니다.

내일 보자는 것입니다.
내일의 승리를 아는 사람들은 오늘의 고통이 낭만(?)입니다.
그러나 내일이 보장되지 않은 인생의 오늘은
지루함과 고통 자체입니다.
우리 그리스도인의 삶, 내일이 보장되어 있는 삶입니다.
오늘 비참하게 취급받고
무시당하고 기죽이는 소리를 듣는다 하더라도
내일이 보장되어 있답니다.

내일 우리 주님께서
승리를 이루시고 위로하실 것이기 때문입니다.
오늘 원수에게 큰 소리 치십시오.
"너희 소견에 좋을 대로 우리에게 다 행하라!"

이렇게 말입니다.

승리로 다가오고 있는 내일을 꿈꾸면서 말입니다.

나하스는 길르앗 야베스 사람들의 눈알 뽑을 생각에 미리 축제를 벌이고 있었습니다. 밤새껏 고기를 뜯으며 술을 퍼 마셔 거나하게 취하고 있었습니다. 새벽이 되어서야 녹초가 되어 쓰러졌답니다.

그걸 정탐하던 이스라엘의 첩병이 숨어 있던 사울 군대에게 사인을 보냈지요. 그날 밤의 싸움을 위해 세 부대로 나뉘어 있던 사울의 군대가 암몬 사람을 철저하게 봉쇄하고 공격했답니다. 전쟁은 쉽게 끝나고 있었습니다.

「이튿날에 사울이 백성을 삼대에 나누고 새벽에 적진 중에 들어가서 날이 더울 때까지 암몬 사람을 치매 남은 자가 다 흩어져서 둘도 함께 한 자가 없었더라」(:11)

길르앗 야베스 사람들이 구원받았습니다. 사울로 인해…

사울의 승리는 대단했구요.

길르앗 야베스 사람들은 구원을 거저 얻었네요.

사울… 하나님의 능력으로 싸움에서 이겼네요.

우리들이 받은 구원…

주님 예수 그리스도로 인한 구원이구요.

예수 그리스도의 승리…

하나님이 주신 완전한 승리였답니다.

사울의 명을 받아 승리한 330,000명의 전사(戰士)들, 그리고 사울에 의해 암몬 사람 나하스에게서 구원을 받은 길르앗 야베스 사람들, 모두가 사울을 주목했습니다. 사울이라는 사람, 생각했던 것보다 대단한 사람이라는 것을 경험한 겁니다. 그리고 모두들 "사울 왕 만세!"를 불렀답니다.

누군가 말했습니다. 사울이 왕으로 추대되는 것에 불평하고 협조하지 않던 사람들을 죽이자는 겁니다. 사울이 왕으로 선출되는 것을 반대했던 사람들을 제거하자는 거지요. 모든 사람들은 동의했습니다. 그렇다는 거지요. 사울을 반대하는 사람을 남겨둘 수 없다는 거지요.

「백성이 사무엘에게 이르되 사울이 어찌 우리를 다스리겠느냐 한 자가 누구니이까 그들을 끌어내소서 우리가 죽이겠나이다」(:12)

하나님을 인정하십시오.

하나님이 주시는 마음을 담대하게 받아들이세요.

그리고 순종하면

우리가 기대하지 않았던,

그러나 마음속에 부담으로 남아 있는 문제들이

해결됩니다.

우리의 손 하나 까딱하지 않고 해결됩니다.

「백성이 사무엘에게 이르되 사울이 어찌 우리를 다스리겠느냐 한 자가 누구니이까 그들을 끌어내소서 우리가 죽이겠나이다」(:12)

이렇게 말입니다!

사울은 자신을 거부하는 사람을
용서하고 품음으로 적을 없앱니다.

「사울이 가로되 이 날에는 사람을 죽이지 못하리니 여호와께서 오늘날 이스라엘 중에 구원을 베푸셨음이니라」(:13)

적을 제거하는 가장 좋은 방법은
그들을 친구로 삼는 거랍니다.
사울... 좋은 사람, 마음이 넓은 사람이네요.
그리고 왕으로서의 시작이 아름답네요.
이 아름다움이 계속되기를
모든 백성이 기대하고 믿었을 겁니다.
그러나 인생은 처음이 좋은 것만으로 박수를 치면 안 됩니다.
말 그대로 처음에 불과합니다.
끝은 아직 오지도 않았고 보이지 않기 때문입니다.

17 11:14~15

왕권 확립

100점 짜리 왕... 인물 됨됨이도 그렇구요 가문도 그만하면 훌륭한 가문입니다. 게다가 용맹함도 지략도 보통이 아니구요. 이번 일로 그런 것에 대한 검증도 끝났습니다. 완벽한 왕입니다. 그야말로 이스라엘을 지켜줄 수 있다는 믿음이 가는 사람입니다. 게다가 자신을 싫어하는 사람을 품을 줄 아는 넓은 마음의 사람입니다.

사무엘... 이스라엘 사람들이 사울을 너무 좋아 하는 것을 보고 마음이 편치 않았습니다만 이제 왕권을 세워 주어야 했습니다. 그래서 사무엘은 왕정출범식을 하기 위해 사람들에게 길갈로 모이라고 말했습니다.

「사무엘이 백성에게 이르되 오라 우리가 길갈로 가서 나라를 새롭게 하자」(:14)

무수한 사람들이 길갈에 모였습니다. 이스라엘의 초대 왕… 추대와 더불어 이스라엘의 정치 제도가 바뀌는 역사적인 날이기 때문입니다. 사울은 촌스러운 옷을 벗고 찬란한 왕복을 입었습니다. 정말 멋있었습니다. 사울 옆에는 아름다운 아가씨들이 보좌하고 있었구요. 미리 내정했던 정부 각료들도 예복을 입고 정렬하고 있었습니다. 주변에 늠름한 군인들이 경호하고 있었구요 이스라엘 최고의 음악인들로 구성된 오케스트라의 연주가 울리고 있었답니다. 최고급의 음식, 그리고 여흥들…

주름진 사무엘은 사울을 세워 놓고 백성 앞에서 선포했습니다.

"베냐민 지파 기스의 아들을 이스라엘의 초대 왕으로 선포하노라!"

그 말이 떨어지자마자 나팔 소리가 울렸습니다. 새 시대… 이스라엘의 왕정을 알리는 소리였습니다. 백성들이 환호했답니다. 새로운 체제를 기뻐하는 소리였습니다. 그런데 그 자리엔, 그들 마음속에는 하나님이 계실 곳이 없었답니다.

「모든 백성이 길갈로 가서 거기서 여호와 앞에 사울로 왕을 삼고… 사울과 이스라엘 모든 사람이 거기서 크게 기뻐하니라」(:15)

사무엘이 기뻐했다는 말은 없네요…

사울과 모인 모든 백성만 기뻐하고 있답니다.

사울은 하나님의 슬픔,

하나님의 마음을 알고 있었기 때문이겠죠.

하나님이 계실 곳 없는 축제의 장소

모두가 좋아하고 있는 장소인데…

하나님이 계실 곳은 없습니다.

모두가 즐거워하는 장소인데

하나님은 어디 머무셔야 하는지요?

모두가 좋아하고 기뻐하지만 하나님 때문이 아니랍니다.

하나님을 위한 기뻐함도 아니구요.

그렇기에 하나님… 서성거리시는 거랍니다.

우리의 모임 중에 주님 계신가요?

우리의 웃음과 기쁨 중에 주님도 기뻐하고 계신가요?

혹시 주님을 외롭게 하면서

아니 주님이 우리 중에 자리를 붙이지 못하게 되셨기에

기뻐하고 축제하고 있는 건 아닌지요?

선포와 축제가 진행되는 중에 사무엘이 말했습니다. 하나님께 제사를 드려야 하지 않겠느냐고…

「…거기서 여호와 앞에 화목제를 드리고…」(:15중)

길갈, 역사적인 장소입니다. 이스라엘의 신정 체제를 왕정 체제로 바꾼 장소잖아요. 사울에게 잊을 수 없는 장소랍니다. 왕이 된 장소잖아요. 그런데 그 영광스러운 장소가 훗날 하나님께로부터 버림을 받았다는 비극의 소리를 듣는 장소가 될 줄 누가 알았겠습니까?

사람들이 좋아하는 스타일이 있습니다.
사람들은 지능의 사람을 좋아합니다.
사람들은 근육의 사람을 좋아합니다.
사람들은 미모의 사람을 좋아합니다.
사람들은 성공적인 사람을 좋아합니다.
그러나 하나님은 겸손한 사람을 좋아합니다.
하찮은 사람을 좋아합니다.

「형제들아 너희를 부르심을 보라 육체를 따라 지혜 있는 자가 많지 아니하며 능한 자가 많지 아니하며 문벌 좋은 자가 많지 아니하도다」(고전 1:26)

그리고 하나님은 이런 사람을 통하여
하나님의 역사의 맥을 이어가시게 한답니다.

⓲ 12:1~5

나를 평가하라

왕을 세움으로 인해 축제하는 사람들…

왕을 달라고 하던 자신들의 뜻이 관철됨으로 승리의 미소와 거만함을 품고 있는 장로들, 그리고 권력을 손에 쥔 것을 자랑스럽게 생각하고 있는 백성 앞에서 왕을 중심으로 이스라엘을 건실하게 세워가겠다고 약속했습니다만, 속으로는 자신들의 부귀영화를 위해서만 일할 사람들이었고 그것을 위해서는 한 치의 양보도 하지 않을 사람들이었답니다.

축제가 열기를 더해가고 있을 때였습니다. 왕 사울 옆에 앉아 있던 사무엘이 일어났습니다. 자신이 물러나는 마지막 설교를 하고 떠나겠답니다. 신정 정치 아래서의 마지막 설교였습니다. 사울은 화려한 왕복을 입었지만 초라한 사무엘에게는 아직 머리를 숙여야 했답니다.

사무엘이 단에 올라서자 축제를 즐기던 백성들은 조용해졌습니다. 그리고 사무엘을 향해 얼굴을 돌렸습니다. 모인 백성들의 얼굴을 하나하나 쳐다보았습니다. 어렸을 때 만난 친구도 있었습니다. 얼굴이 세월 따라 많이 늙었네요. 기도해 주던 사람도 보였습니다. 결혼식 주례를 해 주었던 젊은 부부도 있네요. 모인 사람들 가운데 많은 사람들이 어렸을 때부터 만났던 사람들이었습니다. 노(老) 선지자 사무엘의 허연 머리와 긴 수염이 바람에 살랑거립니다. 사무엘은 그가 무엇을 생각하는지 짐작할 수 없는 표정이었습니다.

사무엘은 자신의 인생을 회고합니다. 어려서 엄마를 알아보고 엄마의 따뜻함의 온기를 느끼기 시작할 때 엄마에 의해 실로 성전으로 보내졌음이 생각났습니다. 당시에 무척이나 고통스러웠던 기억들이 떠오릅니다. 자신을 성전에 데려가서는 당시 엘리 제사장이라는 분과 함께 잠시 이야기를 하더니 자신을 두고 떠난 어머니 한나, 일 년에 한 번씩 오시는 어머니 한나를 기다리면서 차갑고 딱딱한 성전 바닥에서 긴긴 밤을 세우며 보고픈 어머니를 생각하면서 누가 들을까 하여 소리도 내지 못하고 눈물 흘리다가 잠들곤 했던 지난날들... 홉니와 비느하스 제사장들의 구박 속에 온갖 심부름을 하던 중 어느 날 새벽 찬바람 속에서 들은 하나님의 첫 음성... 뚱뚱했던 엘리 제사장의 집안이 망할 것이라는 하나님의 음성을 듣고 무서워했던 시간들... 블레셋과의 전쟁에서 언약궤가 빼앗기고 또 홉니와 비느하스 제사장이 죽은 일로 인해 충격을 받아 의자에 앉았다가 넘어져 목이 부러져 죽은 엘리 제사장에 대한 생각... 자신은 어렸지만 실로 성전에서 찾아온 사람들은 그나마 제사장이라고 부르면서 제사를 드려달라고 할 때 서투른 모습으로 제사 드리던 때... 성장하여 이스라엘 사람들을 미스바에 모아 놓고 회개와 각성 집회를 인도하던 그 때... 하나하나가 주마등처럼 지나갑니다.

정직하게 살려고 몸부림치던 지난날들이었습니다. 공평하고 욕심없이 살면서 제사장 역할을 바르게 하려고 몸부림친 긴 시간들이었습니다. 정말 거리낌 없이 열심히 살기 위해 노력했던 날들입니다. 정신없이 살아왔습니다. 완벽하다는 것은 아닙니다. 최선을 다했을 뿐입니다. 그렇게 살다보니 이제는 백발이 되었네요. 흰 수염이 날립니다. 지팡이를 의지해야 하는 노인이 되어 있습니다. 몸에서 냄새가 난다고 합니다. 사람들은 더 이상 아저씨라고도 하지 않습니다. 언제부터인지 할아버지라는 소리를 듣는 것이 자연스러워졌습니다. 인생이 정말 빨리 지나갔습니다. 진정 인생은 무상한 것이지요.

언제부터인가 사람들이 "이제 사무엘은 물러나야지..."라고 말하는 것을 알고 있었습니다. 그러더니 급기야 얼마 전에는 민족 대표라는 사람들이 찾아와서 물러날 것을 정식으로 건의한 겁니다. 그래서 왕을 세운 거지요. 고집들에 못 이겨서 지금 결국 여론에 의해 물러나는 신세입니다. 마음이 아프네요. 물론 자리에 연연해서 그러는 게 아닙니다. 이스라엘이 뭔가를 잘못하고 있기 때문이었습니다.

사무엘은 이번 연설 후에도 막강한 신적 권위를 가지고 하나님을 대신하여 역사의 맥을 이어갑니다. 물론 사무엘이 자신의 영달을 위해서 그런 것이 아닙니다. 사무엘도 사울에게 권력을 넘겨주고 사울이 하나님의 역사의 맥을 잘 이어가기를 바랍니다. 그런데 사울이 잘못하자 하나님은 당신의 역사의 맥을 이어가시기 위하여 사무엘을 일하게 하신 것입니다.

하나님은 사람의 나이를 따져 일을 시키시지 않습니다. 아무리 참신하고 젊고 지식이 있고 유명한 사람이라 하더라도 하나님의 역사의 맥을 이어가는 하나님의 사람이 아니라면 하나님은 그를 물리치십니다. 그러나 귀가 잘 들리지 않고 눈이 잘 보이지 않는 사람이라 해도 하나님의 역사의 맥을 이어갈 수 있는 사람이라면 하나님은 그 사람을 통하여 당신의 역사의 맥을 이어 가십니다!

「이제 왕이 너희 앞에 출입하느니라 보라 나는 늙어 머리가 희었고 내 아들들도 너희와 함께 있느니라 내가 어려서부터 오늘날까지 너희 앞에 출입하였거니와 내가 여기 있나니 여호와 앞과 그 기름 부음을 받은 자 앞에서 내게 대하여 증거하라 내가 뉘 소를 취하였느냐 뉘 나귀를 취하였느냐 누구를 속였느냐 누구를 압제하였느냐 내 눈을 흐리게 하는 뇌물을 뉘 손에서 취하였느냐 그리하였으면 내가 그것을 너희에게 갚으리라」(:2-3)

사무엘의 목소리… 전에는 그렇게도 카랑카랑했었는데… 늙었음으로 인해서인지 그런 맛이 없는 목소리였습니다. 소리 자체도 힘이 없고 느렸습니다. 젊은 사람들은 답답했습니다. 그러면서 생각했겠지요. 늙은이… 잘 물러나는 거라고… 아니 좀 더 일찍 물러났어야 했다고… 저 영감이 물러나야 이스라엘의 미래가 열린다고… 말입니다.

사무엘의 말을 듣고 있던 누군가가 응수했습니다.

「그들이 가로되 당신이 우리를 속이지 아니하였고 압제하지 아니하였고 뉘 손에서 아무 것도 취한 것이 없나이다」(:4)

사람들도 고개를 끄떡였구요. 웅성웅성 하면서 말하는 겁니다.

"하기야 저 양반이 잘못한 거라구는 하나도 없지. 그것만은 확실해."

사람들은 사무엘에게서 어떤 잘못도 발견하지 못했습니다.
사무엘은 정말로 훌륭하게 잘 살았습니다.
수십 년 전 어머니 한나는 당시 이스라엘의 영적 혼란이
제사장으로부터 기인한 것을 통탄하며
제대로 된 제사장을 만들기 위해
독자 사무엘을 성전에서 키우는 힘든 일을 하였는데…
진정 한나의 뜻대로 사무엘은 그런 제사장으로 살아온 겁니다.
먼저 하늘나라에 가 있는 한나의 마음

얼마나 뿌듯했겠는지요?

사무엘, 진정 귀감할 만한 성도의 사표입니다.

더 중요한 것은 하나님의 은혜라는 겁니다.

사무엘이라고 왜 잘못이 없었겠어요?

그도 실수가 있었을 겁니다.

그런데 그 실수들이 가리워진 것이지요.

사람들의 눈에 드러나지 않도록

하나님께서 사무엘을 보호하신 것이지요.

「...너희가 내 손에서 아무것도 찾아낸 것이 없음을...」

사무엘, 큰 소리로 외쳤습니다. 하나님의 종으로서 성실히 살았다는 외침이었습니다. 백성은 물론 왕도 증인이라는 말을 했습니다.

「사무엘이 백성에게 이르되 너희가 내 손에서 아무 것도 찾아낸 것이 없음을 여호와께서 너희에게 대하여 증거하시며 그 기름 부음을 받은 자도 오늘날 증거하느니라 그들이 가로되 그가 증거하시나이다」(:5)

우리의 삶을 사람들이 보고 있답니다.

정직한지 그렇지 않은지를...

우리의 경제 활동을, 우리의 말을 사람들은 보고 있답니다.

최선을 다해서 사는 것이 중요하구요,

하나님께 누를 끼치면 안 되잖아요...

혹 실수한 것들 있겠지만 드러나지 않도록 기도하세요.

내 체면 때문이 아니라 주님 영광 때문입니다!

19 12:6~11

하나님께서 하신 일을 기억하라!

왕을 세움으로 인해 정신을 못 차리고 좋아하고 있는 이스라엘 사람들에게 사무엘이 하나님을 이야기하기 시작했습니다. 하나님의 통치와 지켜주심을 거부한 이스라엘에게 하나님이 누구인지를 말하려는 거였지요.

노(老)선지자의 말에는 알 수 없는 권위, 거부할 수 없는 권위가 있었습니다.

「...모세와 아론을 세우시며 너희 열조를 애굽 땅에서 인도하여 내신 이는 여호와시니 그런즉 가만히 섰으라 여호와께서 너희와 너희 열조에게 행하신

모든 의로운 일에 대하여 내가 여호와 앞에서 너희와 담론하리라」(:6-7)

수백 년 전, 조상들이 애굽에서 학대받던 이야기 그리고 그 학대에서 구해달라고 부르짖던 조상들 이야기... 그래서 하나님께서 모세와 여호수아를 보내 이 가나안 땅으로 인도하신 이야기... 그런데 이스라엘 백성들이 그 하나님을 잊었답니다!

그걸 기억하도록 하기 위해 하나님께서 하솔 군장 시스라를 통해 고통을 주셨구요, 블레셋 사람의 손에 붙이기도 하셨답니다. 모압 사람의 손에 붙이기도 하셨답니다.

「그들이 그 하나님 여호와를 잊은지라 여호와께서 그들을 하솔 군장 시스라의 손과 블레셋 사람의 손과 모압 왕의 손에 붙이셨더니」(:9)

구원받아 행복을 누리던 우리의 지난 날들 생각하세요.
그 감격 있었잖아요.
그런데 언제부터인가
그 감격과 사랑 잊고 살고 있지는 않은지요.
십자가의 사랑과 은혜
이젠 무덤덤한 것이 되어 버리진 않았는가
생각해 보자는 겁니다.
잊으면... 하나님이 기억하도록 하시기 위해

여러 가지로 접근하실 겁니다.

설득으로, 아니면 환경을 통해…

그래도 아니라면 채찍이 있을 것이구요.

하나님의 아들을 십자가에 못박으신 사랑을

기억하도록 하시기 위해서입니다.

어쩜 지금 당신의 고난이

그 은혜를 기억하도록 하시기 위한

하나님의 작품(?) 아닐까요?

하나님을 왕으로 섬길 때

하나님이 이스라엘을 위하여

하신 일을 말하고 있는 겁니다.

하나님을 왕으로 모시고 있을 때는

블레셋이건 하솔이건 암몬이건 모압이건 미디안이건

어느 누구도 문제가 되지 않았습니다.

20 12:12~25
왕을 구하는 죄

하나님의 은혜를 받았음에도 불구하고

그 은혜를 잊은 사람들, 기껏 한다는 소리가 하나님은 필요 없고 사람, 왕을 세워달랍니다. 암몬의 나하스가 눈앞에 와 있을 때 하나님을 찾지 않고 사울에게 달려가 도움을 청하더니 이제 이스라엘이 좋아하는 왕이 여기 있답니다. 사울이랍니다.

「너희가 암몬 자손의 왕 나하스의 너희를 치러옴을 보고 너희 하나님 여호와께서는 너희의 왕이 되실지라도 너희가 내게 이르기를 아니라 우리를 다스릴 왕이 있어야 하겠다 하였도다 이제 너희의 구한 왕 너희의 택한 왕을 보라 여호와께서 너희 위에 왕을 세우셨느니라」(:12-13)

우리는 언제나 지금까지 역사하신 하나님을
생각하고 또 생각해야 합니다.
에벤에셀의 하나님을 말입니다.
전에도 우리를 도우시고
우리에게 승리를 가져다주신 그 하나님이
오늘도 우리의 왕이 되셔서
우리를 지키시고 푸른 초장으로 인도하시도록
하나님을 왕으로 고백해야 한다는 말입니다.
지난 날 우리에게 베푸신 은혜를 잊지 않을 때
오늘도 하나님을 왕으로 모실 수 있습니다.

아마도 사무엘의 고별 연설이 진행되는 중에 이스라엘 사람들은 사무엘의 말을 비웃고 있었던 것 같습니다. 바람에 흰 머리와 흰 수염을 날리면서 느리고 떨리는 목소리로 이스라엘의 미래를 향한 하나님의 심정을 말해주고 있는 신중한 자리였지만 이스라엘 사람들은 사무엘의 연설을 귀찮게 생각했습니다. 그러나 사무엘은 할 말을 계속해야 했습니다.

「너희가 만일 여호와의 목소리를 듣지 아니하고 여호와의 명령을 거역하면 여호와의 손이 너희의 열조를 치신 것같이 너희를 치실 것이라」(:15)

협박이 아닙니다. 자기 백성을 사랑하는 노(老) 선지자가 토해내는 사랑의 권면이었습니다. 그런데 사무엘의 말을 진지하게 듣지 않자 사무엘은 화제(話題)를 바꾸었습니다. 자신의 연설이 협박이 아닌 신중한 말임을 알려야 했던 겁니다.

「오늘은 밀 베는 때가 아니냐 내가 여호와께 아뢰리니 여호와께서 우뢰와 비를 보내사 너희가 왕을 구한 일 곧 여호와의 목전에 범한 죄악이 큼을 너희로 밝히 알게 하시리라」(:17)

이스라엘 백성들, 이 말을 들었을 때만 해도 웃었을지 모릅니다. 설마 했겠지요.

연설하던 사무엘의 자세가 기도하는 자세로 바뀌었습니다. 그리고 하나님께 기도했습니다. 그날은 하늘이 맑았습니다. 더욱이 밀을 베는 철이기에 비가 내린다는 것은 상상도 할 수 없는 때입니다. 그래서 이스라엘 백성들은 사무엘이 기도하는 소리를 들었지만 설마 맑은 하늘에서 우뢰와 비가 내릴까 생각했습니다. 그런데 졸지에 하늘이 어두워지는 겁니다. 그러더니 갑작스럽게 우뢰가 있습니다. 비가 내리기 시작하는 겁니다. 사무엘의 연설을 귀찮게 여기던 사람들은 사무엘의 기도에 따라 우뢰와 비가 내리는 것을 보고 두려워했습니다. 정신이 번쩍 드는 것입니다.

사무엘의 연설… 늙은이가 권력을 놓기 싫어서 하는 연설인 줄 알았습니다. 망령들은 늙은 권력자의 하소연인 줄 알았습니다. 그런데 그게 아닙니다. 사무엘의 말이 하나님이 하시는 말씀임을 감지하기 시작했습니다. 자신들의 왕을 구한 것이 하나님의 뜻이 아닌 죄악임을 깨달은 겁니다. 그래서 저들은 이렇게 고백했답니다.

「모든 백성이 사무엘에게 이르되 당신의 종들을 위하여 당신의 하나님 여호와께 기도하여 우리로 죽지 않게 하소서 우리가 우리의 모든 죄에 왕을 구하는 악을 더하였나이다」(:19)

이제 깨달은 것입니다. 징조를 보고서야 하나님의 마음을 알기 시작한 것입니다.

말로는 통하지 않는 것이 인간인가 봅니다.
그토록 왕을 구함이 잘못된 것이라고
누누이 말했음에도 불구하고
농담으로 듣고 자신들의 뜻을 관철시킨 사람들…
결국 그러한 일들이 잘못된 요구임을 징조로 보여주자
그제서야 자신들의 행위가 잘못되었음을 인정하는 사람들이네요.

우리들은?
하나님의 말씀이 들릴 때
내 뜻과 다르기에 듣기 싫어하면서
콧방귀 뀌고 있지는 않는지요?
하나님이 어떤 사인을 보여주실 때까지 버티겠습니까?

그러지 마십시다. 나의 고집을 꺾어야 합니다.
주님의 마음을 알고 주님을 따라야 합니다.

이스라엘의 잘못 시인함이 진실한 회개일까요?
아닌 것 같습니다.
진실한 회개는 말로 "잘못했습니다"하는 것이 아닙니다.
말도 중요하지요.
그러나 잘못된 행동에서 방향을 바꾸는 것입니다.
Turn around 해야 합니다.
왕을 구한 것이 악인 것을 깨달았다면
왕정(王政)의 국가를 하지 않겠다고 해야 합니다.
쉬운 일은 아닙니다만 그렇게 해야 참된 회개입니다.
우리들의 회개도 마찬가지입니다.

잘못을 아셨습니까?
잘못을 시인하셨습니까?
그 잘못된 일을 그치셨습니까?
그치는 일, 그것이 중요합니다!

「그 날에 많은 사람이 나더러 이르되 주여 주여 우리가 주의 이름으로 선지자 노릇하며 주의 이름으로 귀신을 쫓아내며 주의 이름으로 많은 권능을 행치 아니하였나이까 하리니 그 때에 내가 저희에게 밝히 말하되 내가 너희를 도무지 알지 못하니 불법을 행하는 자들아 내게서 떠나가라 하리라」(마 7:22-23)

잘못했다고 입으로 시인하십시오. 그리고 방향을 바꾸십시오.
결코 쉬운 일이 아닙니다.
고통이 있고 체면이 깎일 겁니다.
사탄이 가만 두지 않을 겁니다.
입으로 잘못을 시인하는 데까진 사탄도 양보합니다.
그러나 삶의 방향을 바꾸는 것만은
사탄이 쉽게 허락하지 않습니다!

왕을 구한 것이 왜 죄악일까요?
렘 2:13의 말씀으로 생각해 봅시다.

「내 백성이 두 가지 악을 행하였나니 곧 생수(生水)의 근원 되는 나를 버린 것과 스스로 웅덩이를 판 것인데 그것은 물을 저축(貯蓄)지 못할 터진 웅덩이니라」

생수의 근원(根源)되는 하나님을 버린 것이기 때문입니다.
행복과 승리와 기쁨과 생명은
하나님께로부터 흘러나오는 것인데
이 생명의 샘이신 하나님을 버린 것은
행복과 승리와 기쁨과 행복이 막혀 버린다는 것입니다.
그래서 사람들은 생수를 버렸으니
자신의 행복을 위해 물을 판 것입니다.
그것이 우물입니다.
샘물을 버리고 스스로가 우물을 판 것
그것이 이스라엘의 죄악이었습니다.

사무엘은 이스라엘 백성들의 두려워하는 걸 보면서 측은한 생각이 들었는지 몇 가지를 제안했습니다. 하나님만을 잘 섬기라네요. 우상을 섬기지 말구요, 하나님 마음 헤아리면서 살랍니다. 이스라엘을 무척이나 사랑하시는 하나님 마음을 헤아리라는 거지요. 그 하나님은 자기 백성을 버리지 않으실 하나님이랍니다!

「사무엘이 백성에게 이르되 두려워 말라 너희가 과연 이 모든 악을 행하였으나 여호와를 좇는 데서 돌이키지 말고 오직 너희 마음을 다하여 여호와를 섬기라 돌이켜 유익하게도 못하며 구원하지도 못하는 헛된 것을 좇지 말라 그들은 헛되니라 여호와께서는 너희로 자기 백성 삼으신 것을 기뻐하신 고로 그 크신 이름을 인하여 자기 백성을 버리지 아니하실 것이요」(:20-22)

스스로 우물을 파지 말라는 말씀입니다.
우리도 세상 사람들이
신으로 하고 있는 것들을 가지고 있을 수 있습니다.
세상 사람들… 돈을 신(神)으로 하고 있잖아요.
어떤 사람은 자식을 신(神)으로 하고 있구요
어떤 사람은 학위(學位)를 신(神)으로 하고 있답니다.
어떤 사람은 인기와 명예가 신(神)입니다.
자신이 쓴 책을 신(神)으로 하고 있는 사람이 있습니다.
또… 어떤 것을 신(神)으로 하고 있을까요?
그리고 그 신(神)들을 통하여
생명과 행복을 얻으려고 한답니다.

참된 생명의 근원이신 하나님을 버리고 말입니다.
그러나 하나님의 말씀에 귀를 기울여 보세요.
그런 것들을 가지는 것... 죄악은 아니지요.

돈이나 명예, 학위나 인기
혹은 자식 등등을 가질 수 있습니다.
그러나 이런 것들을 목표로 하면 그때는 죄악입니다.
이런 것들은 없어진다 하더라도
하나님을 우선으로 하고 사는 것이
바른 삶이라는 말씀입니다.
있는 것이 죄악이 아니라...
있는 것을 '하나님'으로 하는 것이 죄악입니다.
그러므로 죄는 마음의 자세와 태도에 있는 겁니다.

사무엘 자신도 기도하겠다고 이스라엘 사람들 앞에서 약속했습니다. . 만일 이스라엘을 위해 기도하지 않는다면 그것은 자신의 죄일 거라고. 사무엘은 하나님의 말씀을 가르칠 것을 약속했습니다.

「나는 너희를 위하여 기도하기를 쉬는 죄를 여호와 앞에 결단코 범치 아니하고 선하고 의로운 도로 너희를 가르칠 것인즉」(:23)

이런 목자... 있으면 복이랍니다.
우리를 위해 늘 기도하는 목자...

우리에게 하나님의 말씀으로 가르치는 목자 있다면
그보다 더 큰 복 어디 있겠는지요.
사랑 때문에 기도하는 목자…
바른 길 알려주는 목자…
사랑으로 때문에 징계하는 목자…
사무엘과 같은 목자, 아니 예수님 같은 목자
옆에 있기를 바랍니다.

하나님이 하신 일을 많이 생각하랍니다. 그분이 하신 일은 이스라엘을 사랑하기 때문에 행하신 일들이랍니다. 하나님을 경외하랍니다. 아주 진실히 섬기랍니다. 그렇지 않으면 하나님의 징계가 무서울 거랍니다.

「너희는 여호와께서 너희를 위하여 행하신 그 큰일을 생각하여 오직 그를 경외하며 너희의 마음을 다하여 진실히 섬기라 만일 너희가 여전히 악을 행하면 너희와 너희 왕이 다 멸망하리라」(:24-25)

자식을 향한 아버지의 꺼지지 않는 사랑입니다. 어떻게 하든지 간에 하나님과의 관계를 계속하시려는 노(老) 선지자 사무엘의 애절한 연설입니다. 이 사무엘의 마음을 이스라엘 사람들이 오해하면 안 됩니다. 이 노인의 연설은 자식을 향한 아버지의 마음입니다. 사랑입니다.

비블리컬 스토리텔링 사무엘상 2권 「훈련 받은 사람 다윗」에서 계속…

에필로그…

교회가 좋았습니다. 어려서부터 교회에서 자랐고 교회에서의 생활이 익숙했습니다. 게다가 할아버지도 부모님도 내가 목사가 되기를 원하셨는지 목사 되는 걸 많이 말씀하셨고, 나 역시 거부하지 않았습니다. 그렇게 목사가 된 사람입니다.

신학대학 생활… 만족스럽진 않았습니다만 그래도 목사가 되려면 거쳐야 하는 과정이기에 꾹 참고 견뎌냈습니다. 대학원도 다녀야 한다기에 그렇게도 했습니다. 한번은 목사가 하기 싫은 적도 있었습니다. 아니 어려서부터 목사가 안 된다면… 하면서 나름대로 하고 싶은 일을 생각해보기도 했었죠. 꼭 두 가지를 하고 싶었는데 그 중 하나는 정치였습니다. 정치가 뭔지 알아서 그랬던 것 같지는 않습니다. 어린 시절 선생님으로부터 들었던 훌륭한 인물들 중에는 항상 정치가들이 많았기 때문이었겠죠. 하여간 정치를 하고 싶다는 마음은 오래갔고 또 정치가로서 활동하는 제 모습을 그려보기도 했답니다. 하고 싶었던 또다른 일은 자동차를 정비하는 일이랍니다. 이상하지요? 정치와 자동차 정비는 어울리지 않는데 말입니다. 하여간 자동차 밑에 들어가 온몸에 기름때를 묻히며 일하는 모습이 멋있어 보였고 정밀하게 일하는 아저씨가 멋있어 보였답니다. 그런 나의 모습을 그려보기도 했답니다. 그런데 정치가 근처에 가보지도 못했고 자동차 정비사 옆에도 가보지 못했답니다. 그런 것과는 전혀 상관없는 목사가 되었답니다.

신학대학을 졸업했지만 전도사로 사역하지 못했습니다. 제법 오래되고 큰 교회에 출석하였는데 워낙 재주가 없으니 담임 목사님으로부터 전도사로 추천 받지 못했던 것 같습니다. 친구들은 학교 다닐 때부터 전도사로 열심히 일하면서 교회에서 사례금도 받았지만, 제게는 졸업한 후에도 그런 기회가 주어지지 않았답니다. 전도사로 사역하지 못하는 게 억울하진 않았습니다. 단지 걱정거리였을 뿐입니다. 여기엔 이유가 있었습니다.

저는 군목 후보생이었는데 군목으로 가려면 3년 간의 전도사 경력이 필요했습니다. 그런데 그 경력을 쌓을 교회가 없어서 속이 많이 상했답니다. 결국은 어떤 작은 개척 교회에 평신도라고 하면서 목사님을 속이고(?) 다녔습니다. '몇 년 다니고 난 후에 나의 불쌍한(?) 처지를 말씀드리면 목사님도 이해해 주시지 않을까?' 하는 기대로 그런 짓을 했습니다. 그러나 결국 그 교회에서 오래 있질 못했습니다. 2년 있었나 봅니다. 그러고는 교인이 대여섯 가정 정도밖에 안 되는 더 작은 교회로 갔습니다. 그 교회에서는 목사님께 솔직히 말씀드렸습니다. 그랬더니 흔쾌히 도와주시겠다고 하더라구요. 무척 고마웠답니다. 군목으로 갈 수 있는 길이 열렸기 때문입니다. 그렇게 비참한(?) 시간들을 보냈답니다. 신학교 졸업 후 3년을.

군목으로 가는 일은 조금 찜찜했습니다. 첫째는 자신감이 없었고, 둘째는 아직도 사명감이 없었기 때문이었습니다. 친구들은 사명, 사명하면서 의지가 대단한데 난 그렇지가 않았습니다. 솔직히 군목으로 가면 사병으로 가는 것보다 훨씬 편하기 때문에 좋아하고 있었을 뿐입니다. 그러나 편한 건 편한 건데 뭘 해야 하는지 자신이 없었습니다. 그래서 일 년 먼저 군목으로 간 친구를 찾아갔답니다. 그리고는 물었습니다. 어떻게 주일 설교, 수요예배 설교, 심방 설교, 새벽 기도 설교를 다 하느냐고? 그 친구 대답은 걸작이었습니다. 성령님이 능력을 주시면 다 하게 된다고… 난 목사 안수 받으면 정말 그렇게 되는 줄 믿었답니다. 바보같이…

훈련을 받고 군목으로 갔습니다. 중부 전선이었습니다. 중위 계급장 달고 목사랍시고 일을 시작한 겁니다. 괜찮더라구요. 일단은 매달 월급 받는 게 아주 좋았습니다. 그때까지 내 힘으로 돈을 벌어 본 적이 없었습니다. 게다가 군대 교회인데도 군대 월급 말고도 목회 사례비라고 해서 돈을 주었습니다. 참 좋았습니다. 어떤 교회는 군 선교비라고 해서 돈을 보내기도 했습니다. 사실 군대 월급만으로도 괜찮았는데 이래저래 목사랍시고 돈을 주니 고맙기도 하고 미안하기도 하고… 물론 좋은 일에도 많이 썼지요.

교회도 아담해서 좋았구요, 내 개인 사무실이 있다는 것도 좋았답니다. 어느 큰 교회 목사님이 부럽지 않았습니다. 나보다 계급이 높은 사람들도 저를 성직자라 해서 잘 대해 주는 것 또한 특권이었답니다. 그런 것 때문에 '평생을 군목으로 지낼까?' 하는 생각도 여러 번 해보았답니다. 사명 때문이 아니라 편리함 때문에…

설교는 정말 부담스러웠습니다. 설교만 없으면 군목이라는 것 괜찮은 건데... 친구가 목사 안수 받고 군목으로 오면 성령님께서 능력을 주셔서 설교도 뭐도 다 잘하게 된다고 했는데 (정말 그렇게 믿었었답니다) 난 그게 아니었습니다. 두 번째 설교까지는 잘한 것 같았습니다. 그런데 세 번째부터는 할 말이 없었답니다. 그렇게 두꺼운 성경책인데도 제겐 본문 찾는 것도 어렵고 본문을 찾아도 내용을 만들기도 무척이나 어려웠습니다. 제목을 정하는 것조차도 노동이었습니다. 일주일 내내 '어떤 본문을? 어떤 내용을? 어떤 제목을?...' 이런 것들이 큰 고민거리였고 이는 점점 공포의 작업으로 느껴졌습니다. 친구가 말한 성령님이 도와주신다는 건 적어도 나에겐 새빨간 거짓말이었답니다.

그래도 어김없이 찾아오는 게 주일이었습니다. 미칠 것 같았답니다. 그래서 훌륭한 그리고 유명한 목사님들이 펴낸 설교집을 뒤지기 시작했습니다. 신학교 다닐 때 종종 친구들과 나누던 말이 있었습니다. '설교 표절' 이라는 말... 그리고 남의 설교를 표절하는 목사들은 나쁜 놈들이라고 했었답니다. 그런데 이젠 표절, 아니 그대로 베끼지 않으면 죽을 것 같았답니다. 그래서 설교를 베끼기 시작했습니다. 양심은 괴로웠지만 성도들에겐 오히려 잘 된 일이라 생각했답니다. 성도들도 제 (베낀 남의) 설교에 은혜를 받기도 했답니다. 나 역시 내가 작성한 설교인 것처럼 폼을 잡고 설교했구요.

그런데 매 주일 남의 설교를 베끼는 것도 보통 문제가 아니었습니다. 보통 30분가량의 설교 원고를 베끼려니깐 적어도 2~3시간은 족히 걸리는 것은 물론이고 얼마나 힘들고 귀찮았는지... 그래서 아주 쉬운 방법을 찾아냈습니다. 설교집의 한 편을 복사하는 방법이었습니다. 시간도 절약

되고 에너지도 절약되서 그렇게 했답니다. 그래서 내 설교(?)는 내용이 그런대로 괜찮다는 소릴 들었답니다.

그런데 한번은 큰 실수를 했습니다. 복사를 잘했어야 하는데 종이를 아낀답시고 앞뒤로 복사하다가 그만 한 페이지를 빼먹고 복사를 한 거지요. 그나마 복사한 걸 한번만이라도 읽고 강단에 올라갔으면 되는데 읽지도 않고 올라간 게 탈이었습니다. 그러니 잘 읽어내려가다가 빠진 부분에 가서는 매우 당황했답니다. 소위 말하는 개망신이라고나 할까요. 설교, 무척이나 어렵더라구요. 이렇게 평생 동안 설교할 생각하니 끔찍했습니다.

그러던 가운데 전방 부대 2년의 근무를 마치고 군 병원으로 옮기게 되었습니다. 병원에서는 별로 할 일이 없었습니다. 일단 병원이 아주 작은 았고 환자들도 많지 않았습니다. 군의관들, 간호사들 또한 그리 바쁘지 않은 병원이었죠. 정말 심심한 근무지였답니다. 그곳의 믿음 좋은 군의관들과 간호사들은 목사가 왔으니 일주일에 한번씩 성경을 공부하자고 했습니다. 자신들도 무료한 시간들을 말씀 배우는 시간으로 채우고 싶다는 겁니다. 나 자신도 뭔가를 해야겠기에 그렇게 하겠다고 대답했습니다.

문제는 무슨 공부를 하느냐는 거였습니다. 사실 나는 목사가 되면 써먹기 위해 이렇다할 성경 공부 과정은 대부분 이수해 놓았었답니다. 소위 말하는 벧엘 공부, 크로스 웨이 공부, CCC 공부, 젠센 공부… 그런데 막상 사람들을 가르치려니 두려웠지요. 준비는 했지만 경험이 없었기 때문이었습니다. 과정을 이수하긴 했는데 내 속에 생명력이 있는 게 아니었거든요. 그야말로 목사라는 직업에 충실하려면 이 정도는 해 놔야겠다는 필요에 의해서 열심히 했을 뿐이었습니다. 하여간 그리 많은 교재가 있는데도 자신이 없었고 문제는 군의관들과 간호사들이 교재가 아닌 성경책으로만 공부를 하자는 거였습니다. 그것도 구약을 말입니다. 구약 중에서도 역사서를.

군병원에서의 성경 공부는 사무엘부터 시작되었습니다. 한나가 기도해서 사무엘을 낳은 이야기부터 시작했습니다. 저는 어려서부터 교회 속에서 자랐기 때문에 성경을 많이 알고 있다고 생각했었습니다. 대부분 교회학교 선생님들에게 들은 이야기였고 집에서 들은 이야기였던 거지요. 그런데 막상 사무엘상을 읽어 가는데 왜 그렇게도 모르는 부분들이 많던지… 대부분을 모르겠더라구요. 아주 적은 부분만을 알면서, 그것도 대충… 성경을 잘 안다는 착각 속에 있었던 나였음을 발견했습니다. 하여간 문제에 부딪친 겁니다. 그 머리 좋은 의사들과 간호사들에게 성경을 가르쳐야 하는데 내 자신이 아는 게 없는 겁니다. 너무 두려웠습니다. 가르치다가 개망신 당할까 봐.

설교도 어려웠지만 (계속 베껴야 했으니까요) 성경을 가르치는 건 더 두려웠답니다. 그래서 내 마음은 엄청난 죄책감과 목회에 대한 공포, 해야 하나 말아야 하나 하는 갈등들이… 쏟아져 내리기 시작한 겁니다. 그러다가 기도를 시작했습니다. 하나님께 물어보고 도움을 구하기로 작정한 겁니다. 남들은 주님의 음성을 듣고 목사가 되었다고 하는데 나에겐 그런 것도 없고 어떤 이는 특별한 사명이 있다고 하면서 용감히 사역을 하는데 나는 사명이란 게 뭔지도 모르고 있고 (물론 남에게 말할 때는 복음을 위한 불타는 사명이 있다고 했습니다만…) 그저 목사가 된 게 어려서부터 되고 싶어서 된 것이고 학교 다닐 때 갈등은 있었지만 군목이라는 편리함 때문에 갈등의 양심을 버리고 목사가 되었을 뿐이었습니다. 그런데 이젠 그게 아닌 겁니다.

성경을 모르고 목회를 한다면 그야말로 사기꾼이라는 생각이 든 겁니다. 평생 남의 설교나 베끼고 남이 만들어 놓은 책으로 성경 공부를 가르치면서 그걸 내 것인 양 큰 소리를 칠 생각을 하니 자신이 얼마나 한심스러웠던지요. 정말 한심한 존재였답니다.

"하나님… 성경이 송이 꿀보다 달다고 하셨죠? 나에겐 송이 꿀이 아니라 정말 재미없는 책입니다. 억지로 읽을 뿐입니다. 무슨 말인지 정말 모르겠습니다. 어떤 사람은 성경을 보면 하나님의 음성을 듣는다고 하는데 난 성경을 보면 졸음만 옵니다. 성경이 당신의 말씀이라고 하셨잖습니까? 나에게도 성경이 재미있음을 알려 주십시오. 그래야 설교를 하든 성경 공부를 하든 목회를 하든 할 게 아닙니까? 제가 2년 간 열심히 읽을 테니 알아서 하십시오." 그런 기도였답니다. 성경을 열심히 읽어도 여전히 무슨 말인지 모르겠고 재미가 없다면 군목을 제대한 후에 목회를 관둘 생각이었습니다.

특별하게 할 일 없는 군 병원의 목회 생활이었기에 성경 보는 일에 목숨을 걸기로 마음먹었습니다. 아침 출근 시간은 8시, 퇴근 시간은 5시, 적어도 하루 6~8시간씩 성경을 파기 시작했습니다. 많은 분량을 읽지 않았습니다. 이해가 되지 않는 부분은 그냥 넘기지 않고 판 겁니다. 이해되지 않으면 주석을 많이 참고했습니다.

정말 많은 도움이 되더군요. 신학교 다닐 땐 숙제하기 위해서만 보던 책들인데... 정말 열심히 성경을 읽었습니다. 지금까지 알고 있던 이야기들이라 하더라도 정말 그런가 하면서 진지하게 확인하면서 읽었답니다. 성경이 졸지에 여러 가지 색깔로 줄도 그어지고 네모도 만들어 지고 혹은 읽다가 깨달은 것을 잊지 않기 위해 옆에다 적어 놓다 보니 지저분해지고 있는 거였습니다. 그렇게 몇 달이 지나는 동안 성경이 재미있어지는 겁니다. 은혜가 되기 이전에 재미있었습니다. 성경을 정말 재미있게 읽고 재미있게 연구하기 시작한 겁니다.

그렇게 2년을 지내는 동안 성경은 어느새 나의 손에서 뗄 수 없는 책이 되고 말았답니다. 아니 내 몸의 한 부분이 되어 있었답니다. 그리고 그 말씀은 제게 생명이 되었던 겁니다. 성경이 하나님의 말씀임이 몸속에서 느껴지고 있었답니다. 언제부터인지는 모르겠습니다만 성경을 읽으면 "그렇습니다!"하는 소리를 연거퍼 내뿜었답니다. 성경을 읽다가 손바닥과 무릎을 치기도 하구요, 너무 기가 막힌 것(내가 모르던 것이겠죠...)을 발견하면 숨이 막혀 더 이상 읽을 수가 없어서 서성거리는 경우가 한두 번이 아니었답니다. 많이 울었습니다. 너무 좋아서 말입니다. 하나님의 은혜가 주렁주렁 발견될 때마다 감동 그 자체였습니다. 시편 기자가 그랬나요? 주의 말씀은 송이 꿀 보다 달다구요? 정말이었습니다.

읽고 깨달은 말씀을 그대로 전해보았습니다. 설교 때든 성경 공부할 때든... 다른 교재가 필요 없었답니다. 성경만을 읽는데도 나는 물론이고 모두들 좋아하는 겁니다. 그래서 신났지요. 성경을 읽어 가면서 그 주인공은 바로 '나' 였답니다. 내가 하나님의 지음 받은 사람이고, 내가 타락한 사람이고, 내가 죄로 범벅된 사람이고, 내가 고멜이고, 내가 요나이고… 또한 내가 아브라함이고, 내가 모세이고, 내가 노아이고, 내가 다윗이더라는 거였죠. 내가 밧세바이고, 내가 아모스이고… 내가 느부갓네살이고, 내가 다니엘이고… 내가 베드로이고… 내가 주인공이었습니다. 내가 잘못된 주인공일 때 지켜보고 계시고 기다리시고 찾아와 주시는 주님을 만날 수 있었구요, 내가 잘하는 주인공일 때는 매우 기뻐하시고 좋아하시는 주님을 알 수 있었답니다. 주님의 진하게 흐르는 사랑과 은혜… 그게 성경이었답니다.

세상의 무수한 책들… 기독교 서적이라는 거 말입니다. 전에는 그걸 많이 읽으면 괜찮은 사람처럼 보였었습니다. 기독교 서적을 많이 인용하면 공부를 많이 한 목사처럼 보였었답니다. 서점에 최근 발표된 책이 어떤 것인지를 누구보다도 빨리 알아서 말하는 것이 앞서가는 사람인줄 알았답니다. 그래서 그걸 흉내내기 위해 얼마나 많은 거짓 행위를 했었는지요… 하지만 이젠 해방되었답니다. 많은 책을 읽는 것도 중요하지만 성경 속에서 풍요함을 누리지 못하면 그야말로 모래 위에 집을 짓는 장난에 불과하다는 것을… 성경 속에서의 행복을 모르고 수많은 책을 뒤지는 일만큼 자신을 피곤하게 하는 일이 없을 거라는 것을…

다른 책… 좀 몰라도 되더라구요. 그러나 성경 속에서 춤추지 않으면 말씀을 전하고 나서도 허탈하더라구요. 그런데 성경을 이야기하면 서투른 설교라도 하나님께 감사가 되더라는 겁니다. 기가 막히게 좋은 문구들을 찾는 일도 하지 않기로 했습니다. 알지도 못하는 사람의 이름을 들먹거리면서 마치 많이 공부한 사람처럼 보이는 위선은 떨지 않기로 했습니다. 깊은 생각을 남보다 많이 하는 것처럼 보이는 어려운 표현도 사용하지 않기로 했습니다. 그냥 성경 말씀을 이야기하기로 했습니다.

성경 속의 이야기만 하더라도, 아니 성경만을 이야기할 때 성령의 역사가 가장 확실하게 나타남을 알았기 때문입니다. 성경은 성령께서 쓰신 글이기 때문입니다. 하나님에게는 천년이 하루 같다고 하셨나요? 그래서 표현하고 싶은 말이 있습니다. 성경은 아직 잉크도 마르지 않은 하나님이 보낸 연애편지라고.

군대를 제대하자마자 미국으로 건너왔습니다. 아무런 이유도 없이 미국에 오게 된 겁니다. 몇 달만 미국을 구경하려는 생각이었습니다. 그런데 어쩌다가 십수 년이 지나고 말았습니다. 십수 년... 학교에서 공부하면서도 성경에 대한 재미 때문에 성경만 보게 되더라구요. 사역을 하면서도 성경만 보게 되더라는 겁니다. 그리고 읽은 성경... 늘 그랬던 것처럼 신앙의 형제들과 나누었답니다. 그런데 성경만을 이해하기 위해 주의 깊게 보는데 많은 은혜를 경험하는 게 아니겠어요!

벌써 성경을 통해 주님의 마음을 헤아린 지도 오래되었네요. 지금도 계속하고 있답니다. 물론 주님 부르실 때까지 이 은혜를 계속 유지하려고 합니다. 새벽 기도가 끝나면 잉크도 마르지 않은... 주님의 숨소리가 느껴지는 성경을 펴고 세 시간, 어느 경우는 네 시간, 옮겨 보고 또 옮겨 보다가 이렇게 책이 되었답니다.

그 제목... 이야기 성경? 성경 이야기? 아무래도 매끄럽지 않기에 남침례교신학교(The Southern Baptist Theological Seminary)에서 논문을 쓴 제목이 좋아 보여 그대로 하기로 했답니다. 비블리컬 스토리텔링(The Biblical Storytelling)이라고...